中小学融创教学路径研究

王玉春/著

辽宁人民出版社

图书在版编目(CIP)数据

中小学融创教学路径研究 / 王玉春著. — 沈阳：
辽宁人民出版社，2024.5
ISBN 978-7-205-10866-3

Ⅰ.①中… Ⅱ.①王… Ⅲ.①课堂教学 – 教学研究 –
中小学 Ⅳ.①G632.421

中国国家版本馆CIP数据核字(2023)第182898号

出版发行：辽宁人民出版社
　　　　地址：沈阳市和平区十一纬路25号　邮编：110003
　　　　电话：024-23284321（邮　购）　024-23284324（发行部）
　　　　传真：024-23284191（发行部）　024-23284304（办公室）
　　　　http://www.lnpph.com.cn
印　　刷：沈阳百江印刷有限公司
幅面尺寸：185mm×260mm
印　　张：12.75
字　　数：247千字
出版时间：2024年5月第1版
印刷时间：2024年5月第1次印刷
责任编辑：张天恒　王晓筱
装帧设计：李自茹
责任校对：吴艳杰
书　　号：ISBN 978-7-205-10866-3

定　　价：48.00元

序

实践为基，探路融创

党的二十大报告提出，教育、科技、人才是全面建设社会主义现代化国家的基础性、战略性支撑。教育、科技、人才要进行统筹谋划和一体部署。教育是强国之基，人才是第一资源、创新是第一动力。国家义务教育课程实施方案和课程标准聚焦学生核心素养的发展。核心素养更加聚焦德育为先五育并举，更加聚焦适应社会发展解决问题能力，更加聚焦多学科融合下的创新能力。融创教学是践行课程标准的教学探索。

融创教学是一种创新性的教学方法，它打破了传统学科分割的固有模式，鼓励教师与学生进行跨学科探索，培养学生跨学科思维与应用。在融创教学之中，教师角色和教学方法发生了重大变化，教师不再纯粹"传道授业"，更多是引导者和帮助者。这让学生获得知识的同时，增加了对社会实践的体验。学生实践能力和创新能力的提升，必将帮助他们更好地面对未来的挑战，更好地把握未来的机遇。

本书在区域教学实践中，以规范与科学的方法、坚持与融合的态度，对131所中小学课堂教学现状进行充分调研，结合地方人文特色，探寻区域特色融创教学路径。融合STEAM理念，对标初中物理和小学数学新课程标准，对学科融合课程进行深度研究，开发出了8例学科融创教学案例并加以推广。

本书立足于山东省教育科学"十四五"规划重点课题"中小学STEAM课

程深度开发研究"，从理论、实践和实例三个层面探寻鲁西地区中小学学科融创教学的路径。该项研究增强了教师对融创教学的深入认识与理解，有助于教师发挥自身专业特长，将知识交叉融合，更好地培养学生创新思维和创造能力。探索融创教学路径的同时让《义务教育课程方案和课程标准（2022年版）》更好地实践落地，让跨学科教学更具生命力。

　　一本书的内容如果能对开创事业带来一种知识论意义上的传授，应是值得阅读的；一本书撰写本身如果能对读者带来一种方法论意义上的启示，必是值得推荐的。希望广大教育工作者一起来阅读《中小学融创教学路径研究》，一起思考教育教学规律并把思考提升为学术思想。

山东省教育科学研究院院长

多元融合，创造中成长

2023 年 6 月 18 日，陈凯先院士在上海科技大学生命学院 2023 届毕业颁证仪式上发表主旨演讲，教导同学们别把人生的顺序颠倒了。他说："不是因为有了希望才坚持，而是因为坚持了才有希望。不是因为有了机会才去争取，而是因为争取了才有机会……不是因为突破了才去挑战，而是因为挑战才有突破。不是因为有了收获才去感恩，而是因为感恩了才会有收获。"作为陪伴孩子走一段路的教育工作者，我想说："不是成长后再去创造，而是在创造过程中成长。"

"初见乍惊欢，久处仍怦然"。对于"跨学科"教学研究的兴趣由来已久。2003 年，信息技术课程由计算机课程发展而来，成为一门独立的课程。由单纯的技术素养上升为全面的信息素养。教学中不仅要综合运用语文、数学、物理、化学、生物、历史、美术、音乐等学科知识，还要融合法律、道德、心理、环保、审美意识。在数字化作品的准备和教学中成就了我"绘画""配音""视觉艺术""审美"等一系列技能，也促成了我对"多学科"知识及联系的了解和掌握。我逐渐开始尝试将其他学科知识作为素材或主线贯穿于信息技术课堂，在知识迁移中互相借力、相辅相成，让各学科重难点借助"信息素养"来突破，让"信息技术"学科知识在其他学科的学习中真正落地。

"当时明月在，曾照彩云归"。长期以来，我国实行分学科教学，学科间各自为营，忽略学科间知识的联系，缺乏综合素养的培养。高学段教学方式注重知识本身，忽略知识的运用。分离了学科知识与生活实际需要的关系，破坏了"知"与"行"的纽带，致使"知"不达"行"。

"理念先行，行动为基"。中共中央、国务院印发的《中国教育现代化2035》将"基本理念"单列出来，系统提出八个"更加注重"的基本理念，即以德为先、全面发展、面向人人、终身学习、因材施教、知行合一、融合发展、共建共享。国家聚焦国内教育发展亟待解决的问题，特别强调"融合发展"的发展理念，从国家层面指明了中国教育发展的方向。

"立足本地，就地取源"。鲁西处于山东省内陆欠发达地区，经济实力决定了硬件设施的建设无法跟进，与东部沿海地区相比有所差距。为了在本土现有资源上进行开发与整合，探寻适合鲁西地区发展、落地的融创教学路线，我对鲁西地区131所中小学的融合教学实际进行了调查与调研。对目前存在的跨学科的融创途径进行总结，分析当下热点教学方式中存在的融创教学实施。将自己的点滴所思一一记录，便形成了本书的第一部分内容。

"走深走实，见行见效"。2009年开始，我任专职教研员以来，在各中小学进行视导调研的过程中，渐渐形成了一些思考。尤其是2022年《义务教育课程标准》和《义务教育课程方案》的修订颁布，对"跨学科"课程的重视更加凸显。在对131所中小学的走访调查中，我边观察边记录边思考。哪些融创途径是适合我们的？适合的才是最好的。看得越多，记录得越多。记录的越多思考的也就越多。落笔后，就想把较好的与大家共享，形成了本书的后两部分篇章。第二部分选取有代表性的八所学校的优秀案例进行分享。根据学生的认识发展规律，本书在第三部分开发了以小学四年级数学和八年级物理课标为依据的融创教学案例，旨在为融创教学课程的开发探索提供参考。

"念念不忘，必有回响"。自2016年以来，创客、STEAM教育逐渐在全国一线城市出现。我抓住机遇，呼吁全市信息技术教师要追赶教育新风向。支持和鼓励参与外出培训交流，全方位寻求专家的帮助与指导。茌平实验小学、阳谷铜谷小学、东关民族小学、聊城市实验小学、高唐县第一实验小学先后建设了自己的创客实验室、STEAM工作坊。2019年10月，茌平实验小学被中国教科院评为STEM国家级领航学校，同时，聊城市有6所中小学被评为种子学校。2021年12月，我主持的省教育科学"十四五"规划重点课题《中小学STEAM课程深度开发研究》顺利立项。本书便是在研究和教学实践的基础上撰写的。

"感恩的心，感谢有你"。衷心感谢所有为这本书付出辛勤努力的人。尤其感谢课题组成员刘东海、潘素平、闫树胜、姚振武、郭文军、周兆强、徐倩倩、李刚、李晓静、许山山的群策群力，让案例得以实验推广。

《中小学融创教学路径研究》是山东省教育科学"十四五"规划重点课题《中小学STEAM课程深度开发研究》的研究成果之一。教育改革的核心是课程改革，而教师是实施课程改革的主力军。本书是我在两年多的研究和教学实践基础上有感撰写而成，期望能为阅读本书的教师和学生带来一定的启发。建议有条件的学校能够尝试使用书中开发的融创案例进行教学，呼吁从事相关教育教学工作的教师能够结合本地、本校特色大胆创新，积极实践，推动学科融创教学的步伐，为提升少年儿童的核心素养添砖加瓦。

我对未来充满期待，希望这本书能够成为广大教育者的指南，唤醒更多的人关注学科融合与创新教育，为培养具有综合素养和创新能力的未来之星贡献智慧与力量。

目 录

第一部分　理念研究

第二部分　实践研究

目/录

第三部分 案例研究

第一部分

理念研究

　　《义务教育课程方案和课程标准（2022年版）》（以下简称"新课程方案"和"新课程标准"）聚焦学生核心素养的发展。融创教学是提高学生核心素养的途径之一。融创教学中"融"为方式，"创"是目的。打破学科壁垒，以活动为载体，融合多学科知识和理念，在创新实践中达到培养能力、提高素养的目标。鉴于学科之间知识结构、学科体系和学科理念不同，我们立足于课堂教学实际，提出几点粗浅的认识，为融创教学提供新的视角。

一、融创教学概述

（一）融创教学

核心素养是学生通过学习逐步形成的适应终身发展和社会发展需要的正确价值观、必备品格和关键能力，是学生知识、技能、情感、态度、价值观等多方面的综合性表现。新课程标准对发展学生的核心素养提出了明确要求，更加强调素养的导向，更加强调适应社会发展的核心素养，特别是学生在真实情境中解决问题的能力。新课程标准提出要加强学生与现实生活、社会实践、真实情境的联系，突出实践育人。因此，需要更进一步优化课程的内容和结构。

世界是多元的、复杂的。我们面对的实际问题往往更加繁杂，单凭某一学科知识去解决实际问题往往是无能为力的。当前的课堂教学以学科知识为中心，学科教学的优点是可以培养学生扎实的专业知识，但学到的知识面相对独立，形成的视角狭隘、有局限，不利于知识的融会贯通。在处理复杂的实际问题时，学生孤立的知识面与生活实际脱节，不利于创新能力和综合素质的培养。

而且，目前的学科教学知识本身存在前后断裂、知识与真实情境脱节、知识与生活实际割裂的情况，所以，有必要用全新的视角去看待我们的教与学。在知识结构上，我们应该在遵循学科特点的基础上，对学科进行重新规划、选择、编排、重组、整合、精加工等处理。对知识点进行横向扩展、纵向延伸、线连接、面衔接，形成一个大的知识观。

融创教学是通过学科融合的方式创设真实的活动或情境，让学生在活动探索中获取知识、锻炼能力、发展核心素养的一种教学方式。融创教学是教师提供学习支架，以真实情境为主题，激发学生的学习兴趣，诱发学生的内驱力，让学生在探究活动中、在解决问题中完成知识的学习。它不拘泥于任何学科，又不脱离知识与生活实际，目的是实现学生的知识体系再构建、综合能力的再提升、核心素养的再发展。

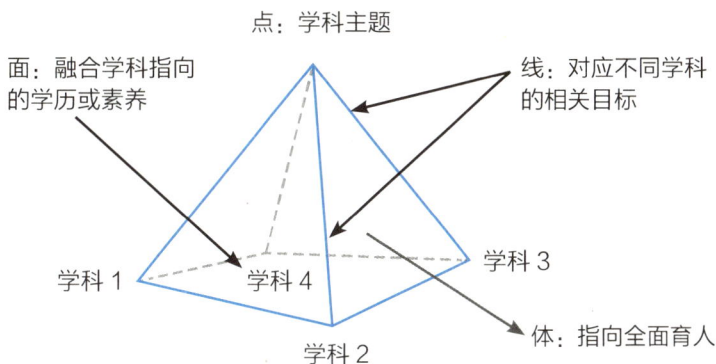

图1-1 学科间融创四维关系

融创教学需要构设真实的情境，以真实的问题为导向。建构主义认为：知识是不可能脱离活动情境而抽象存在的，学习应该与情境化的社会实践活动结合起来。教与学立足于实际才能焕发教育的活力。真实的情境才能给学习、知识与能力提供良好的生长环境。

融创教学是教师跳出学科内的知识连接，打破学科之间的壁垒，融合多学科知识组织教学，最终使学生形成一个无边界的知识体系。建构主义理论认为：学生不是被动的信息接收者，而是信息意义的主动建构者。

融创教学以提高学生能力和发展学生核心素养为最终目的。融创的目的是使学生成为自己知识体系的主动的建构者。在知识的运用与建立过程中，提高学生解决问题的能力，培养学生独立的个性和健全的人格，发展个体核心素养。

（二）什么是融

融，既是一种手段又是一种方式。指的是学科的融合，包括学科内知识点的连接、跨学科知识线的贯穿和超学科知识面的拓展。任务、活动、项目、实践是融的表现形式。

为什么融?

融的目的是实现学生知识体系的重构。

1.学科知识是孤立的。学科教学可以很好地提高学生的学科素养，但难以提升到核心素养层面。

2.学科知识来源于生活，也要回归生活。学生在面对实际问题时，不可能只用到单一的学科知识，而需要多学科的知识支撑。学科的分割会使学科知识面孤立，脱离生活实际。融的主要目的是让学科知识适应生活实际，尽可能地解决某一具体的问题。

3.学生的发展是个体的全面发展。马克思主义理论认为：关于人的全面发展，强调的不是片面的发展、畸形的发展、不自由的发展、不充分的发展，而是全面的发展、和谐的发展、自由的发展、充分的发展。

怎么融?

首先，融的主体是教师。教师在教学过程中要有融的意识。

其次，融的对象是学科知识。实现知识的有效交融。

再次，融的方式是学科的融合、知识的整合。融的手段是在真实的情境主题下创设的探究活动中展开的。基于实际问题，激发学生的学习内驱力，通过探究和合作的方式协同处理问题，在问题的探索解决中构建知识体系。融的方法是以问题为主线，最大限度地让学生发现问题、探索问题，在学习和处理问题的过程中对现有知识进行有效的建构，自主建立知识的连接，对知识增删、调整、整合、补充或重组等，充分有效地利用资源、获取知识、学习知识，并最终建立相关知识的体系。

最后，融是在无形之中完成的。

融到什么程度?

融知：融合知识。首先做到学科知识上的有效交融，使知识点不再孤立，形成点与点的连接。这种连接不局限于学科内的连接，更应该是多种学科的相互运用。更应该对学科内、学科外或超学科进行融合整理，科学地将知识点进行连接，帮助学生由碎片化的知识点形成完整的知识体系。

融智：融合智慧。学科的融创不是单一地关注某一个个体，而是强调个体间的合作与协调能力，调动学生的合作积极性，启发学生共同探究，发挥团体的智慧，强调团队的协作能力。

融心：融合心智。在学科融合的过程中强调能力的培养，但更应该关注学生的情感感悟与升华，让学生在学习中获得更多的感受与体验，重在形成自己的情感、态度和观念，经历过程，领悟学习意义，享受学习意义，形成独立的核心思想理念和人格。人文主义认为：教育应该发展一个自由、自我实现的个体，整个教育过程应以学生的感受为核心，重视自然，重视自己的感受。教育的本质是"唤醒"，一切有效的教育，都是触动学生心灵的教育。

融行：融合行为。在学科融创的过程中，最终是发展学生的核心素养。核心素养是学生能够适应终身发展和社会发展需要的必备品格和关键能力。国家督学、北京开放大学校长褚宏启指出："素养与知识不同，是知识、技能、态度的超越和统整，是人在真实情景中做出某种行为的能力或素质。"融的最终效果是提高学生的综合能力和培养良好的素养，使其改变行为以适应社会参与，具备终身学习与发展的能力，成为全面发展的人。

（三）什么是创

创是结果，创是最终目的。教师融的结果是实现学生的创。在学科融合的前提下，实现学生核心素养全方位的再创造。

为什么创？

创的目的是解放人的天性，实现人的全面发展。

1.学科知识的整合需要创建。从孤立的学科知识到完整的知识体系，需要学生自主完成创建的过程。由破到立是学习者成果的体现。

2.学习成果的展现需要创造。学习成果需要表现，这种表现可能是知识性的，可能是概念性的，也可能是程序性的，更可能是外在实物性的，但最终要表现为问题的解决。不管哪种形式都需要学生在学习中创造出来并加以展现。

3.学习能力和素养的提升需要不断完善和创新。

怎么创？

首先，创的主体是学生。学生是学习的主体。

其次，创的对象是学生的知识、能力、情感、态度与素养，是学生身心的发展与素养的提升。

再次，创的方式是成果的体现。创的手段是在探究活动中对学习成果的再创造性呈现。这里有对知识体系的重新构建，对过程的情感投入，对解决问题能力的提升与适应社会素养的展现。

最后，创是在潜移默化中形成的。

创到什么程度？

创建：创建知识体系。建构主义认为：学习不是由教师向学生传递知识的过程，学生不是信息的被动接收者而是信息的主动建构者，建立了某知识的结构体系，也就是对其实现了真正的理解。创的基础层次是知识的吸收、积累与整合，是对学习的融会贯通，最终形成自己的认知体系。

创造：创造学习成果。在实现知识体系的构建后，运用知识处理问题解决问题，实现能力的提高。学习的过程和评价需要通过成果来展现。这种成果的展现可以是概念性的知识、程序性的知识，也可以是事实性知识。创造学习成果是知识学习与能力的展现方式。

创新：实现自我的革新。创新是在原有的经验之上产生新的有价值、有意义的想法、观点、问题或具体的解决方法。创新是一种高阶思维。根据布鲁姆（美国当代著名教育家和心理学家）的教育目标，从认知过程角度学习由低到高分为记忆、理解、运用、分析、评价、创新六个层次。创新位于最高层次。"不破不立，破而后立"，要发展就需要打破常规，打破思维定式，谋求新境界。只有勇于创新才能更好地实现自我。

创生：实现生命体的自我觉醒。创生是生命体的自我完善。马斯洛（美国著名社会心理学家）认为：人类需要的最高层次就是自我实现。马斯洛认为每个人都有自我实现的潜能，如若提供良好的条件和途径，自我实现终将实现。我国现代著名教育家舒新城说："教育是启迪人生的活动。"

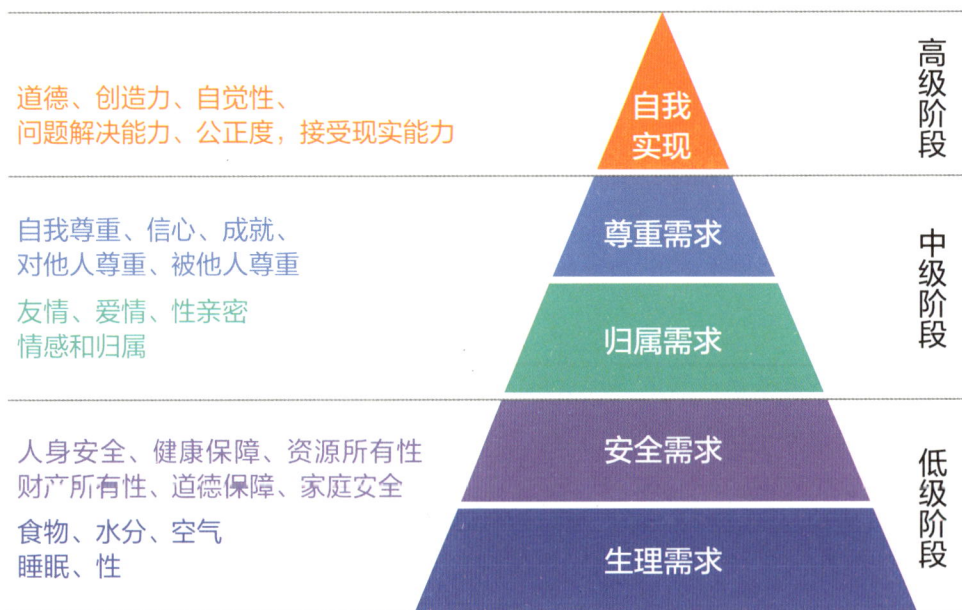

图1-2　马斯洛需求层次理论图

二、融创教学的路径探究

（一）学科内的融创

学科内的融创更能使新旧知识建立关联，形成迁移，使学生加深对知识的理解，形成以点带面的思维模式。低年级学生的知识量有限，在面对实际问题时，会需要用到各种跨越较大的知识，这就要根据需要进行知识引导与跟进。所以，学科内的融创在小学阶段更容易出现。

低年级语文融创教学实例

语文作为承载传统文化的载体，对培养学生的审美能力和文学素养的提升有着重要的现实意义。加强语文中传统文化教学，对培养学生正确的人生观、世界观、价值观尤为重要，而小学阶段正是人格养成的关键阶段，所以学习中华优秀传统文化的重要意义不言而喻。

高唐县第二实验小学通过举办各种语文专题活动，深入挖掘教学资源，渗透传统文化教育。结合一年级语文第一单元课文《姓氏歌》的内容，在一年级开展"我的姓氏"主题活动。姓氏蕴含着大量的文史典故和传统文化知识，是中国五千年灿烂文明的又一展现。

开展"我的姓氏"主题活动，拓展了孩子的识字量，促进了孩子之间的交流与沟通，也让孩子知晓了自己姓氏和名字的寓意，对姓氏里的传统文化知识有了深刻的了解。

图1-3 "我的姓氏"主题活动成果展示

（二）跨学科的融创

随着知识量的增加，面对的情境与问题无法再从单一的学科角度去处理。这就需要多学科的融合。在现有学科中，文理之间的融合边界较为清晰。比如数学、物理与化学融合；语文、政治与历史融合。这种跨学科的融合更为实际。跨学科的融创更易于培养学生的发散思维，更利于知识的融会贯通。

在对本地 131 所中小学课堂教学现状进行调研后，我们发现跨学科的融创途径广泛被利用和推广。当然，这些限于基础学科的较多。

比如数学、物理、化学与信息技术的融合。在探索勾股定理的知识时，可以让学生利用以直角三角形的三条边构建正方形对其面积进行推导，可以利用 Python 程序进行实践验证，还可以利用平衡原理固定三点，利用绳索形成三角形，验证角的角度。这种理科特点的跨学科融合在鲁西中小学普遍运用。虽然这种融合更为方便，但如何实现学生自己的创造，创生是核心和关键。

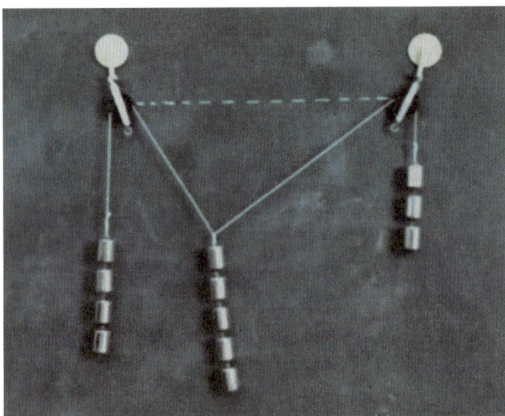

图1-4　利用物理知识验证"勾股定理"

比如语文与历史的融合。在诗词的教学中，更容易从历史观去深度理解作者的创作意图。

首先，让学生去阅读作者传记。将作者的人生经历用时间线的方式通过思维导图展现出来。其次，了解这首诗词的创作背景。再次，理解诗词的字、词、段、章和表达的深意。最后，让学生结合作者、历史背景和创作意图，形成自己的理解与感悟。

比如道德与法治和艺术、传统文化的融合。在理解孝道的含义时，从"二十四孝"故事出发，让学生去自主探索这些人物，以项目的方式展开深层探究，尝试从人物的生长经历、事件的起因、发展和结局等方面，自主利用现有资源进行合作探索，形成 24 个人物的调研报告，以项目报告的形式展现出来。

比如生物学与劳动课程的融合。学习生物学要亲近大自然，农村学校不缺乏的是农田资源。东鲁中学开展劳动教育，在学校里为每个班开辟一片田地，由班主任进行分工分组，指导学生进行播种、施肥、浇水。学生在植物的生长过程中了解根、茎、芽，观察细胞的构成、种子的构成、结出的果实等。学生再经过自己烹饪掌握技能，体验种子从发芽到享用的劳动过程。学生在自己的劳动中，学习知识、磨炼意志、享受劳动成果，体验生活的乐趣。

地理与美术的融创教学实例

美术和地理都是认识世界、表现世界、刻画世界的重要手段与工具。美术是以多种形式呈现的视觉和造型艺术，地理是以多种要素形式呈现的人文环境和自然景观。

美术教师进行课堂导入时通过自然风光的相关图片或视频进行，这种方式会放松学生紧张的心弦。地理教师则通过自然景观图等进行导入，让学生仿佛置身真实的自然环境中，切身感受到当地的气候、地形、河湖、植被等方面的特点，引起学生学习的兴趣，突破地理学习的重难点。

学生在绘制政区图、地形图、气候图、交通图、矿产分布图等类型地图时，教师也有意识地让学生运用色彩、构图、布局等美术知识来完成。

图1-5　地理知识用美术作品呈现出来

语文与历史的融创教学实例

"文史不分家"，在初中教学中，语文教学常常以历史背景为材料，历史教学也离不开语言的表达和运用，两门学科之间相互渗透，必将有助于中学生树立良好的价值观与人生观。

在学习人教版语文八年级中的《人民解放军百万大军横渡长江》这篇新闻时，高唐县赵寨子中学的张庆双老师从新闻的历史背景入手展开教学：1947年7月到9月，中国人民解放军在全国范围内转入战略进攻；1948年，发动了辽沈、淮海、平津三大战役，给国民党反动派造成了巨大的打击，蒋介石宣布和平谈判。在这紧要关头，毛泽东主席写了一篇新年献词《将革命进行到底》，号召人民解放军横渡长江之后解放南京，解放全中国。通过对历史的简要讲述，吸引了学生对课堂的兴趣，教师进而引入新课，指导学生分析该新闻的标题、导语、主体、背景、结语。让学生阅读新闻，找出新闻要素，教师再对新闻的内容进行讲解，在充分了解历史背景后进行学习，既提升了课堂效率，又激发了学生对语文与历史学科的兴趣。

在古诗词教学中融入历史内容。例如高唐县赵寨子中学的李素闻老师教授的人教版语文八年级上册的《茅屋为秋风所破歌》，这首诗是杜甫在安史之乱时，针对自己的几间茅屋，写的一首忧国忧民的诗。李老师在教学中，对本诗的讲述联系当时的历史事件，来表现社会时代的苦难。而在历史的教学中，历史教师在讲述唐代安史之乱这一历史事件时，则根据具体情况来引入一下古诗词，如杜甫"朱门酒肉臭，路有冻死骨"的不朽语句，让学生加深对历史事件的认识，同时又能增加对古诗词的兴趣，明白古诗词中的丰富内涵，使古诗词与历史有机结合，促进学生文史素养的提升。

初中语文与美术学科的融合

高唐县时风中学在教学实践中将语文学科与美术学科相结合，不仅让学生对语文知识有一个更好的理解，还能激发学生的想象力，感受绘画之美，提升学生的鉴赏能力和语言表达能力。初中语文教材中，很多美文都可以借助美术课以另一种形式呈现出来。比如《春》，教师讲解这篇文章的时候，可以引导学生用线条画出阅读材料中出现的有关春天的景物，春草、春花、春天的小鸟和蜜蜂、路人、农夫、娃娃……课后让学生使用色彩进行填充，可继续复习巩固文章内容。学生描绘春天的过程，就是熟悉理解文章的过程，同时也能激发学生对美术的兴趣和热情。如下页图就是部分学生课上所绘制的关于朱自清《春》的草图：

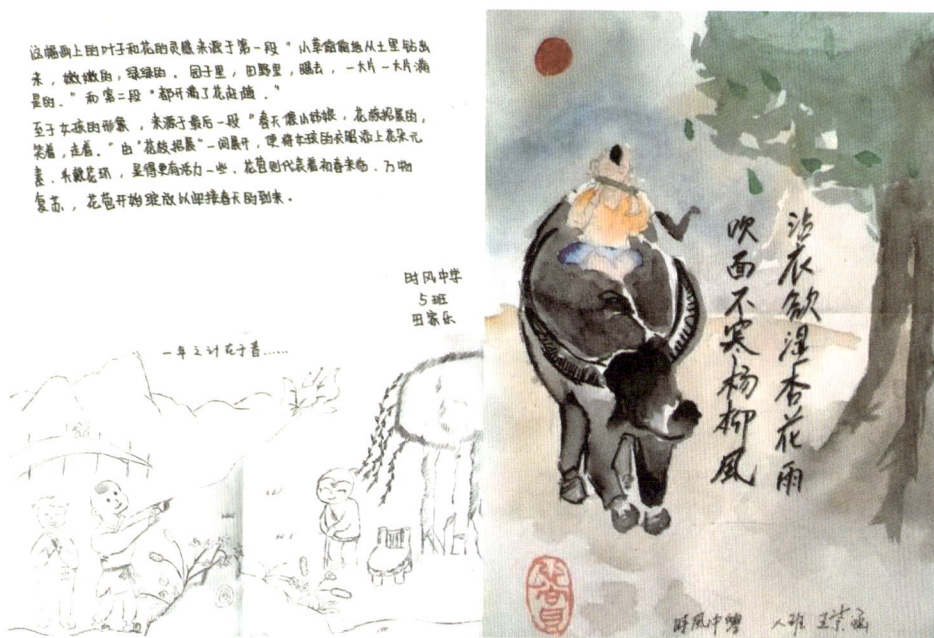

这幅画上的叶子和花的灵感来源于第一段"小草偷偷地从土里钻出来，嫩嫩的，绿绿的，园子里，田野里，瞧去，一大片一大片满是的。"而第二段"都开满了花赶趟。"

至于女孩的形象，来源于最后一段"春天像小姑娘，花枝招展的，笑着，走着。"由"花枝招展"一词联想，便将女孩的衣服添上表示无袖、无领花纹，显得更灵活一些。花苞则代表着春季来临，万物复苏，花苞开始绽放以迎接春天的到来。

时风中学
5班
田家乐

一年之计在于春……

沾衣欲湿杏花雨
吹面不寒杨柳风

时风中赠 人班 王紫涵

图1-6 古诗意境的美术作品

（三）超学科的融创

超学科不再局限于课堂中的教学内容，更加关注生活问题、社会问题和现实问题。在解决问题的过程中组织教学内容，整合多种学科知识，形成彻底的课程整合。

古法印染超学科融合教学案例

莘县东鲁中学开展"古法印染"学习实践。

1."古法印染"项目与化学学科的融合

布料在浸泡、晾晒的过程中由绿变成蓝，这种"青出于蓝"的现象正是氧化反应的效果，即反应物在化学反应中得失电子的反应。让学生在实践中见证化学现象。

2."古法印染"项目与地理、历史、音乐学科的融合

扎染图案由于地理条件、生活方式、文化背景、审美心理以及历史背景的差异形成了不同的艺术风格，呈现出鲜明的地域特征。引导学生分析云南大理白族扎染、湖南凤凰扎染、四川自贡扎染的艺术特色和地域特征，挖掘其所蕴含的人文精神和文化内涵。

如：云南大理白族的扎染以白、青两色为主，白色是白族地区的吉祥象征，青色则象征希望、淳朴和真挚，青白结合体现了白族人对人生理想的追求。扎染图案常以当地的苍山彩云、洱海浪花、民族风情、花鸟鱼虫作为素材，妙趣天成，千姿百态。同时，感受这些地域文化造就的戏曲、音乐等艺术，让学生体验艺术学科的相通相融。

3. "古法印染"项目与德育、语文学科的融合

提出相关问题与思考方向。如：大自然育人育万物，人育物、造物，万事万物存在于今都有它在"度"上的把控，扎染流程中哪些方面体现了"度"的把控，说一说你的思考。如：扎染图案的对称性、留白、地域性等留下的哲学思考与启迪。如何在传承的基础上创新表现方式，创造出符合现代审美取向的扎染工艺品，用问题引导学生思考、表述、交流或写成短文，分享传阅。

图1-7 学生参与"古法印染"学习活动

东鲁中学在超学科方面的尝试，归纳起来有三种方式可借鉴。第一，根据大概念或者大观念进行整合和迁移。如果一个概念或观念比较高位，具有包容性，就可以从一个学科向另一个学科迁移，这样就完成了综合和跨学科。第二，通过主题学习，将不同学科联系起来，如生命、力量、和平、战争等主题就可以把美术、音乐、舞蹈、地理、历史、文学相关学科联系起来。第三，基于项目式学习，为促进跨学科研究创造空间。如：一个微电影的制作，需要文本、分镜、服装、道具、后期电脑技术等。

以家乡传统文化和民间艺术结合历史、语文学科的校本课程体系

各个学科知识的积累需要传统文化知识的铺垫。开发区东昌中学新校区的教师在平时的教学中注重用乡土风情特色作为实例。对往年的初中学业考试进行分析时，教师们发现以聊城本地的古建筑、古文化、乡土风情等作为情境载体的题目较多。学生在做题思考时，由于缺乏对家乡古建筑和传统文化以及风土人情的认识，往往不能深层次把握题意。针对这个问题，东昌中学新校区研讨编制了校本课程教材《中华传统文化与家乡民间艺术》，辅助学生加强对各科考题中出现的家乡传统文化的理解。在语文、历史、道德与法治的学业水平考试题目中，均涉及了相关内容的考察。优先让文科教师担任校本课程的授课教师，尽最大限度地让校本课程和自己的学科融合，达到相辅相成、相得益彰的效果。即使是数学、物理、化学这样的理科学科，也会有相关联的内容，需要用到家乡的文化知识。比如雕刻葫芦的时候，先计算测量葫芦的周长，安排设计刻字的数量和平均布局等。再比如家乡美食部分，教师先拓展延伸出生活常识小数学，让学生计算按比例调制馅料时放多少水、放多少料能更美味。化学中的小苏打发面，酸碱平衡知识点也可以在校本课程中得到更有趣的拓展，让学生将枯燥的知识化为感兴趣的话题。

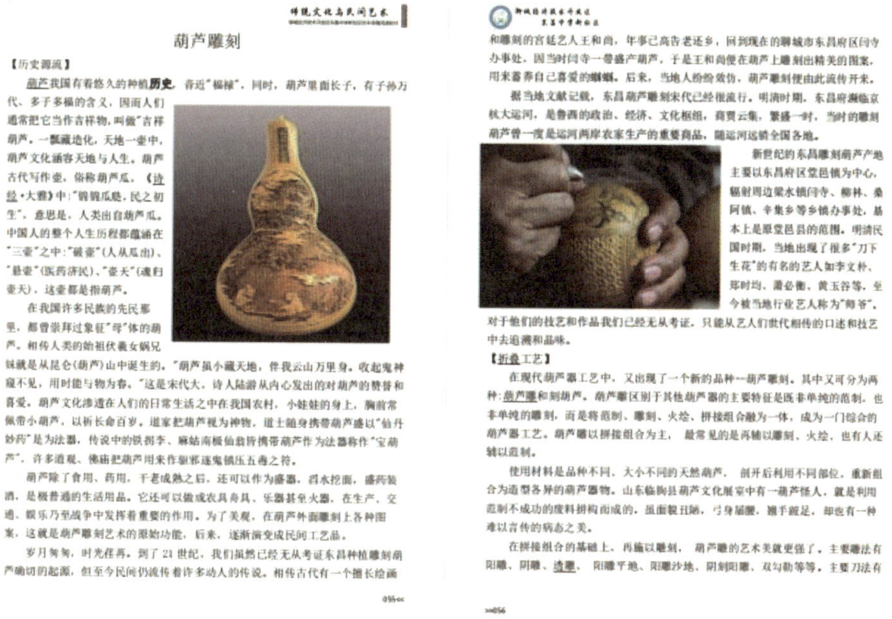

传统文化与民间艺术

葫芦雕刻

【历史源流】

葫芦我国有着悠久的种植历史，音近"福禄"，同时，葫芦里面长子，有子孙万代、多子多福的含义，因而人们通常把它当作吉祥物，叫做"吉祥葫芦。一瓢藏造化，天地一壶中，葫芦文化涵容天地与人生。葫芦古代写作壶，俗称葫芦瓜。《诗经·大雅》中："绵绵瓜瓞，民之初生"，意思是，人类出自葫芦瓜。中国人的整个人生历程都蕴涵在"三壶"之中："破壶"（人从瓜出）、"悬壶"（医药济民）、"壶天"（魂归壶天），这壶都是指葫芦。

在我国许多民族的先民那里，都曾崇拜过象征"母"体的葫芦。相传人类的始祖伏羲女娲兄妹就是从昆仑（葫芦）山中诞生的。"葫芦虽小藏天地，伴我云山万里身。收起鬼神窥不见，用时能与物为春。"这是宋代大．诗人陆游从内心发出的对葫芦的赞誉和喜爱。葫芦文化渗透在人们的日常生活之中在我国农村，小娃娃的身上，胸前常佩带小葫芦，以祈长命百岁。道家把葫芦视为神物，道士随身携带葫芦盛以"仙丹妙药"是为法器，传说中的铁拐李、麻姑南极仙翁皆携带葫芦作为法器称作"宝葫芦"，许多道观、佛庙把葫芦用来作驱邪逐鬼镇压五毒之符。

葫芦除了食用、药用，干老成熟之后，还可以作为盛器，舀水挖面，盛药装酒，是极普通的生活用品。它还可以做成农具舟具、乐器甚至火器，在生产、交通、娱乐乃至战争中发挥着重要的作用。为了美观，在葫芦外面雕刻上各种图案，这就是葫芦雕刻艺术的原始功能，后来，逐渐演变成民间工艺品。

岁月匆匆，时光荏苒。到了21世纪，我们虽然已经无从考证东昌种植雕刻葫芦确切的起源，但至今民间仍流传着许多动人的传说。相传古代有一个擅长绘画

055

和雕刻的宫廷艺人王和尚，年事已高告老还乡，回到现在的聊城市东昌府区闫寺办事处，因当时闫寺一带盛产葫芦，于是王和尚便在葫芦上雕刻出精美的图案，用来畜养自己喜爱的蝈蝈。后来，当地人纷纷效仿，葫芦雕刻便由此流传开来。

据当地文献记载，东昌葫芦雕刻宋代已经很流行。明清时期，东昌府濒临京杭大运河，是鲁西的政治、经济、文化枢纽，商贾云集，繁盛一时，当时的雕刻葫芦曾一度是运河两岸农家生产的重要商品，随运河远销全国各地。

新世纪的东昌雕刻葫芦产地主要以东昌府区堂邑镇为中心，辐射周边梁水镇闫寺、柳林、桑阿镇、辛集乡等乡镇办事处，基本上是原堂邑县的范围。明清民国时期，当地出现了很多"刀下生花"的有名的艺人如李文朴、郑时均、萧必衡、黄玉谷等，至今被当地行业艺人称为"师爷"。对于他们的技艺和作品我们已经无从考证，只能从艺人们世代相传的口述和技艺中去追溯和品味。

【折叠工艺】

在现代葫芦器工艺中，又出现了一个新的品种—葫芦雕刻。其中又可分为两种：葫芦雕和刻葫芦。葫芦雕区别于其他葫芦器的主要特征是既非单纯的范制，也非单纯的雕刻，而是将范制、雕刻、火绘、拼接组合融为一体，成为一门综合的葫芦器工艺。葫芦雕以拼接组合为主，最常见的是再辅以雕刻、火绘，也有人还辅以范制。

使用材料是品种不同、大小不同的天然葫芦，剖开后利用不同部位，重新组合为造型各异的葫芦器物。山东临朐县葫芦文化展室中有一葫芦怪人，就是利用范制不成功的废料拼构而成的，虽面貌丑陋，弓身驼腰，翘手跛足，却也有一种难以言传的病态之美。

在拼接组合的基础上，再施以雕刻，葫芦雕的艺术美就更强了。主要雕法有阳雕、阴雕、透雕、阳雕平地、阳雕沙地、阴刻阳雕，双勾勒等等。主要刀法有

056

图1-8　校本课程教材《中华传统文化与家乡民间艺术》

融创教学需注意的问题

首先，教师要树立融创的思想，提高融创的意识，在平时的教学过程中积累学科内需要融合的知识。

其次，教师要充分了解学生的学情。在活动的建设中从学生的认识出发，在足够了解学情的情况下，安排适当的探究活动或项目。防止脱离实际，使项目难度过大，无法开展。

再次，教师要立足于真实情境，创设适合学生的问题或项目，为学生沉浸式学习提供良好的环境。

从次，教师要善于观察学生学习时遇到的问题，及时进行知识的跟进与补充。

最后，评价要参与到融与创的整个过程中。情境认知观认为，学习方式发生改变，评价方式也要及时改变。评价要在真实情景中发生，让学生参与评价中，凸显学生的主体地位。评价在关注学习结果的同时，更应重视学习过程，正所谓"有了过程，结果也便水到渠成了"。

随着科技的发展和时代的进步，教育教学理念也在不断发生着创新和变革。教育3.0、"元宇宙＋教育"、"人工智能＋教育"、"思政＋教育"、"ChatGPT+教育"、PBL教育、STEAM教育、大单元、大概念等一系列新的教育理念不断推陈出新。如何将新的理念有选择性地进行融创教学，值得我们深思。

三、 课程思政渗透下的融创教学

课程思政是一种教育教学理念。课程思政是将思想政治教育理论、道德观念、核心价值观等融入到学科教学中的教育理念。它充分发挥课堂教学的主阵地，将思想政治教育贯穿于学校教育教学的全过程，达到全员育人的效果。

（一）课程思政是全面落实立德树人的需要

新课程标准指出"基础教育课程承载着党的教育方针和教育思想，规定了教育目标和教育内容，是国家意志在教育领域的直接体现，在立德树人中发挥着关键作用"。习近平总书记在党的二十大报告中强调，"育人的根本在于立德""立德树人是教育的根本任务"。思政课是落实立德树人根本任务的关键课程。但思政课程和课程思政要同向同行。把立德树人融入思想道德教育、文化知识教育、社会实践教育各环节。

（二）课程思政要求教学具有双重作用

学科教学承担着传授科学文化知识的同时，也承载着思想政治教育的作用。知识传授要与思想引领相结合，在培养学科思维的同时，让学生形成正确的世界观、人生观、价值观。《教师法》中明确指出："教师是履行教育教学职责的专业人员，承担教书育人，培养社会主义事业建设者和接班人、提高民族素质的使命。"

（三）课程思政对师生提出了更高的要求

课程思政是实现知识传授、价值塑造和能力培养的统一体。这就要求教师在教学过程中不断提高自身的政治素养。熟悉马克思主义哲学的基本观点及其运用方法。学习习近平新时代中国特色社会主义思想和党的二十大精神。培育和践行社会主义核心价值观的基本内容和要求，继承和弘扬中华优秀传统文化、革命文化，把增强"四个意识"、坚定"四个自信"，落实到"两个维护"的具体实践和实际行动上。习近平总书记指出："教师是人类灵魂的工程师，是人类文明的传承者，承载着传播知识、传播思想、传播真理，塑造灵魂、塑造生命、塑造新人的时代重任。"

（四）课程思政需要有机地融入

课程思政不是思政课程，课程思政是思政课程的有效补充。课程思政的融入不是"搭积木"，不是"拼插"，而是润物细无声，是隐性教育的有机结合。

第一，找准定位，切勿本末倒置。课程思政与思政课程本质上是一致的，但二者侧重不同。

第二，要结合学科特点和课程实际，深度挖掘课程所蕴含的思想政治教育元素。

第三，要将政治认同、国家意识、文化自信、人格养成等思想政治教育导向潜移默化地在知识学习中渗透与融入，要对学生的思想意识、理想信念、行为举止在无形之中产生影响。

生物和道德与法治的融合案例

在"认识生物的多样性"一节中，介绍我国生物多样性的情况时，教师导入："通过前面的学习，我们知道地球上的生物是极其丰富的；那么我们国家植物资源也十分丰富，其中苔藓、蕨类和种子植物的种数仅次于巴西和哥伦比亚，居世界第三位；我国是裸子植物最丰富的国家，被称为'裸子植物的故乡'；我国也是动物种类最多的国家之一……"通过这些数据以及相关视频，让学生了解我国的生态状况和生态保护政策，增强学生的爱国情感和忧患意识，从而加强学生的责任感与使命感。

"热爱生命"是初中生物十大主题之一。在讲到两栖动物和爬行动物时，学生首先想到的是吃，这让执教教师"心头一震"，教师随即结合疫情抛出话题："野生动物可以食用吗？"通过让学生搜索蛇类、蝙蝠、穿山甲和果子狸的相关资料，结合全球疫情暴发以及 2002 年的非典，让学生意识到"野生动物是人类的朋友，是自然生态系统的重要组成部分，也是自然赋予人类的宝贵资源"。不仅完成了学科知识的丰富和更新，更让"热爱生命"的主题得到了升华。

四、 STEAM理念下的融创教学

STEAM 代表科学（Science）、技术（Technology）、工程（Engineering）、艺术（Art）、数学（Mathematics）。STEAM 教育就是集科学、技术、工程、艺术、数学等学科于一体的综合教育。它不能仅理解为将各个学科简单地整合在一起，更重要的是将实践过程和精神内涵进行整合，以培养学生的综合素养，提高全球竞争力。

STEAM 理念是一种重实践的超学科教育理念。STEAM 理念包括学科融合、问题解决与技术赋能三个主要的核心理念。

（一）学科融合

从 STEAM 的组成来看，包括科学、技术、工程、艺术和数学 5 门学科，但它并不是学科知识的简单累加，更强调学科的现实整合。分学科的知识目前已无法全部解决现实的问题。STEAM 中的学科融合核心理念使教育者不再将关注点放在某一个学科、某一个领域，不再关注学科的界限，而是将目标放在特定的现实问题上。强调的是从多学科视角去看待问题，利用相互关联的知识解决问题。

（二）问题解决

问题解决也是强调真实情境下的创造性的问题解决。更加注意学科与世界的联系。它强调利用科学的思维面对现实世界的真实问题，进行发现、设计、建构、改造并解决问题。强调学生的参与感、获得感、体验感。更加强调问题解决中的过程性知识。

图1-9　实时检测pH的装置

（三）技术赋能

STEAM 教育对学生技术素养提出了更高的要求。学生要掌握相关技术的应用，具备实现技术解决问题的能力。借助技术赋能有利于学生个性化学习的真实发生，借助技术赋能可以增强学生的创造力，为学生的想象力插上实践的翅膀。

1. 实时 pH 检测系统 （阳谷县第三中学；掌控板＋传感器）

（1）探究目的

探究酸碱中和反应过程中 pH 的变化。

（2）探究方法

利用掌中宝设计程序瞬间多次采集酸碱中和反应过程中 pH 值数据的变化，并用图像呈现出来。

（3）设备列表

掌中宝、pH 传感器、闸刀、电动机、氢氧化钠溶液、稀盐酸、酚酞试液、烧杯、胶头滴管、输液器、铁架台。

（4）解决方案

向盛有 100ml 氢氧化钠溶液的烧杯中滴加 2~3 滴酚酞试液。利用输液器将稀盐酸逐滴滴加到盛有氢氧化钠溶液的烧杯中，利用电动机的转动代替玻璃棒进行搅拌，使其混合均匀。利用 pH 传感器随时记录溶液中 pH 的数据变化，程序自动画出溶液中 pH 变化的图像。

（5）实验结果

图像在掌中宝的 OLED 屏幕上被绘制出来。

（6）分析结论

酸碱中和反应过程中，随着向氢氧化钠溶液中滴加稀盐酸，其 pH 逐渐变小。

2. 运河上的智慧船闸 （阳谷县第三实验中学）

（1）项目文化背景

中国是建造船闸最早的国家。秦始皇三十三年（前 214 年）凿灵渠，设置陡门，又称斗门，今名闸门，用以调整斗门前后的水位差，使船舶能在有水位落差的航道上通行。南朝宋景平年间（423—424），在扬子津（今扬州市杨子桥）河段上建造了两座陡门，顺序启闭这两座陡门，控制两陡门间河段的水位，船舶就能克服水位落差上驶或下行。宋朝雍熙年间（984—987）在西河建造两个陡门，间距约 76 米，陡门上设有输水设备，这就是中国历史上有名的西河闸，是现代船闸的雏形。世界上规模最大的船闸——三峡船闸修建于三峡大坝左侧的山体中。

（2）创作亮点

我国作为建造船闸最早的国家，无论是灵渠上的陡门、扬子津河段上的陡门，还是西河上的陡门，都代表着一个时代最先进的技术。船闸代表着工匠精神，希望能将这种精神传承下去。本项目以"运河上的智慧船闸"为主题，利用格物编程平台编程设计，通过物灵板、多种传感器检测水位触发继电器运行，最终成功演示运河上船闸的重要作用。

（3）制作过程及成品

传感器列表

序号	传感器类别	传感器名称	端口	工作模式	信号模式	功能
1	主板	物灵板				
2	蜂鸣器	蜂鸣器	D13	输入	数字	当船体运动时
3	灯	红色 LED 灯	D9	输出	数字	左、前、右方有目标时亮起
4	灯	绿色 LED 灯	D10	输出	数字	后方有目标时亮起
5	蜂鸣器	蜂鸣器	D1	输出	模拟	当船体四周有目标接近时，提供声音提示；后方超声测距识别到目标高频短鸣3声；前方晃衡测距识别到目标低频长鸣2声
6	灯	黄色 LED 灯	D11	输出	数字	根据光敏电阻提供的亮度，决定是否自动打开室内灯
7	电池盒	电池盒				给主板供电
8	抽水机	抽水机				实现快速改变闸内水位
9	继电器	继电器	D12	控制	模拟	实现自动断开
10	传感器	湿度传感器	D2	输入	数字	利用湿度电阻提供数据判断水位高度

表1-1　传感器使用列表

成品图片

图1-10　由物灵板与各种传感器搭建的主控设备

设计代码

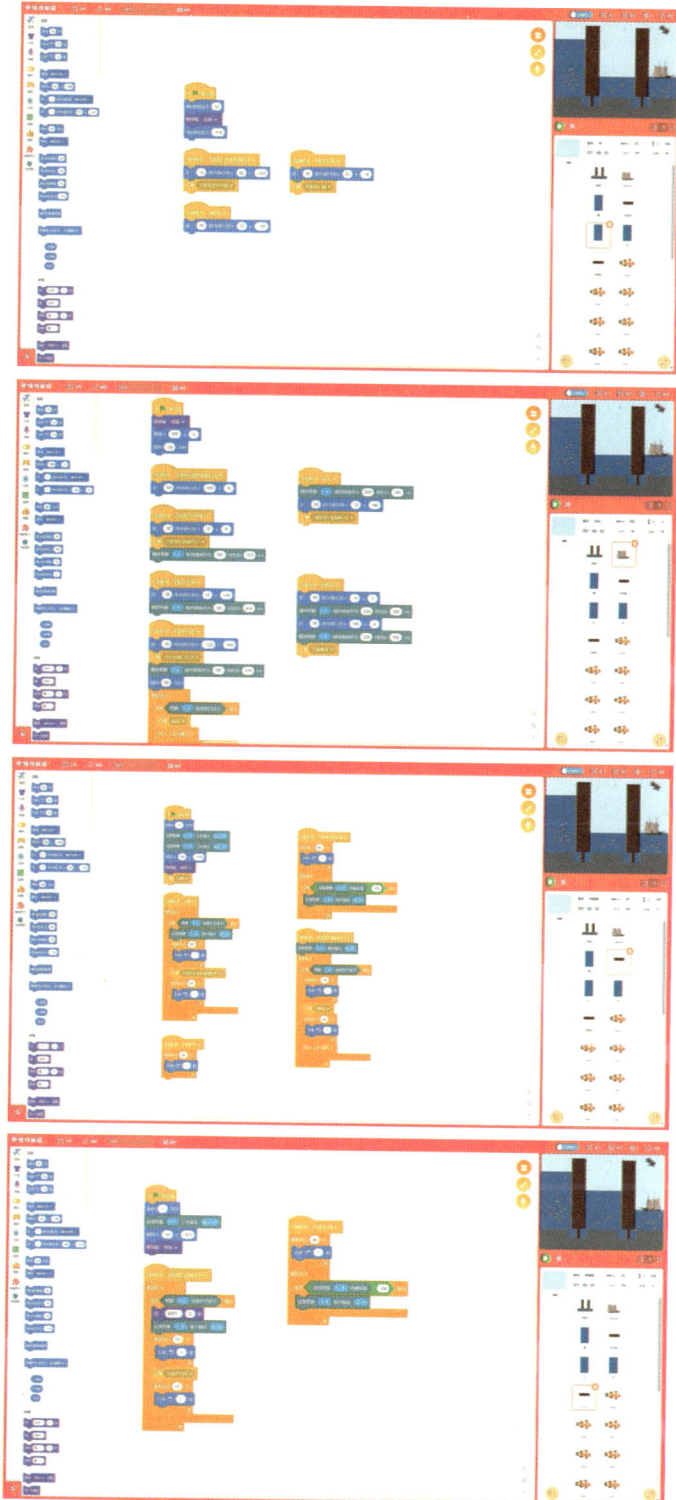

图1-11　图形化程序代码

教学过程

原理：利用物理学科中的连通器原理实现水面相平，船只通过第一道闸门，关闭上闸门，打开下闸门实现下游与闸内水面相平，船只驶出大闸。

重难点：观察水面是否相平，利用了湿度传感器的数字判断水面是否相平。利用继电器根据湿度传感器的值进行断开、启动抽水机。

基础目标效果

① 演示动画

按钮控制下游到闸室的阀门打开，蜂鸣器响起，船前进。

② 演示动画

按钮控制闸室到上游的阀门打开，蜂鸣器响起，船前进。

③ 演示动画

按钮控制上游到闸室的阀门打开，蜂鸣器响起，船前进。

④ 演示动画

按钮控制闸室到下游的阀门打开，蜂鸣器响起，船前进。

⑤ 上游驶入闸室：打开继电器，抽水机开始运作（模拟连通器）。当水位平行时，打开上游到闸室闸门，船由上游行驶到闸室。

闸室驶入下游：打开继电器，抽水机开始运作。当水位平行时，打开闸室到下游闸门，船由闸室驶向下游。

图1-12　学生在搭建模型

下游驶入闸室：打开继电器，抽水机开始运作。当水位平行时，打开下游到闸室闸门，船由下游驶向闸室。

闸室驶入上游：打开继电器，抽水机开始运作。当水位平行时，打开闸室到上游闸门，船由闸室驶向上游。

3. 再现山陕会馆　（聊城文轩初级中学）

中国风创意编程

图1-13　模型最终呈现效果

引入问题	2022年"大运河主题旅游海外推广季"在聊城启动,"江北水城运河古都"是聊城的名片。古老的京杭大运河聊城段,于元朝至元二十九年(1292)开通,到明清两代达到了鼎盛时期,距今已有1400多年的历史。明清时期,漕运盛极一时,借助漕运之利,运河经济甚为繁荣。运河沿岸留有很多名胜古迹,山陕会馆、光岳楼、大小码头、宋代铁塔、唐朝古槐等国家重点文物沿河而立;与运河相互辉映,彰显其深厚的历史底蕴。 本STEAM项目借助科技手段,建造大运河山陕会馆近岸的模型,再现大运河聊城段通航的繁荣盛景
学习支持	地理、历史、美术、信息科技、物理、数学、编程

建立模型	1. 方案设计(绘图、表格、思维导图、设计说明)
	2. 材料清单(所需材料清单、工具清单)
	3. 小组分工
	4. 制作过程
	(1)山陕会馆模型:购置材料、3D设计模型、板材尺寸测量与绘图、激光雕刻、拆解板材、组装板材
	(2)运河岸景搭建:鱼缸、黏土、苔藓、草木模型
	(3)功能实现:
	硬件:物联板、科创板、舵机、马达、灯带、超声波测距仪等
	程序代码:import machine
	import time
	import sonar
	import servo
	adc36 = machine.ADC(machine.Pin(36))
	adc36.atten(machine.ADC.ATTN_11DB)
	light = 0
	deng = 0
	while True:
	light = adc36.read()
	time.sleep(1)
	if light < 2000:
	pin16 = machine.Pin(16,machine.Pin.OUT)
	pin16.value(1)
	pin19 = machine.Pin(19,machine.Pin.OUT)
	pin19.value(1)
	pin18 = machine.Pin(18,machine.Pin.OUT)
	pin18.value(1)
	else:
	pin16 = machine.Pin(16,machine.Pin.OUT)
	pin16.value(0)
	pin19 = machine.Pin(19,machine.Pin.OUT)
	pin19.value(0)
	pin18 = machine.Pin(18,machine.Pin.OUT)

建立模型	pin18.value(0)
	if sonar.Sonar(23, 22).checkdist() < 10:
	time.sleep(0.2)
	pin5 = machine.Pin(5,machine.Pin.OUT)
	pin5.value(1)
	time.sleep(0.2)
	servo.servo_write_angle(32,80)
	servo.servo_write_angle(33,80)
	else:
	pin5 = machine.Pin(5,machine.Pin.OUT)
	pin5.value(0)
	time.sleep(5)
	servo.servo_write_angle(32,80)
	servo.servo_write_angle(33,80)
	（4）软件：
	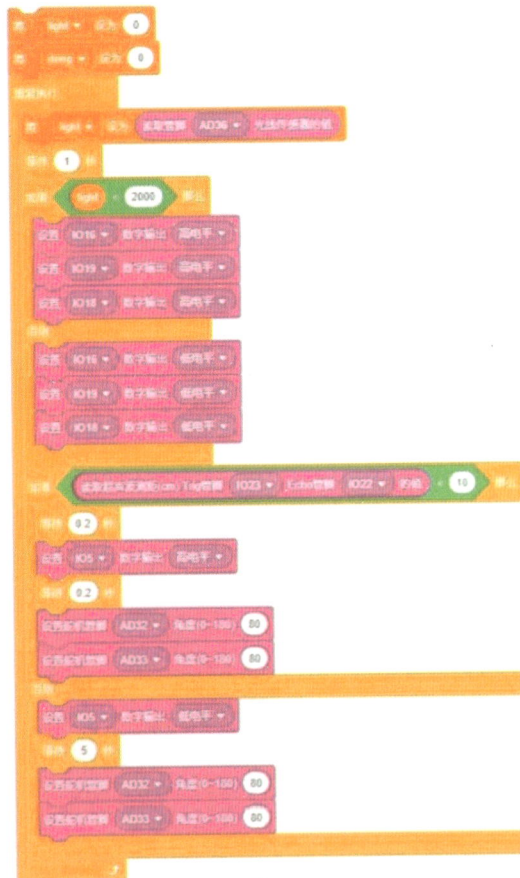
	图1-14　程序实现核心代码

建立模型	（5）成果展示：完美还原了京杭大运河聊城段和沿岸山陕会馆繁荣昌盛的景象，当人们进入山陕会馆时会亮起红灯并播报"欢迎进入"的录音，然后会有一个声音开始介绍山陕会馆的历史。同时，运河上的一只小船会开始行驶起来，行驶到一定时间后会到一个船闸面前，在船闸上的超声波仪器发现小船后会自动开闸并放小船通过 5.项目测试
测试与优化	1.模型的设计：美观性、合理性、牢固性 2.功能的设计：物体检测功能、人机交互功能、灯光视听效果
评价反思	本项目中，山陕会馆模型和物联板的功能实现是最难处理的，但学生不断克服各种困难，在教师的引导下成功完成其项目，在设计与制作中学生的收获很多。 1.简单知识先网络自学。例如：项目的尺寸问题，要先查阅资料知道山陕会馆的真实占地面积及尺寸，再按地理学中的比例尺知识进行缩小。 2.涉及的物联板及编程知识由教师引入入门，再通过书籍、教学视频、小组合作分工等共同探究反复实践。 3.复杂知识请教学校专业教师。例如：浮力及电压转换问题等多次咨询物理老师。

五、以项目为主线的融创教学

项目式学习是以项目为主线，以问题为导向，以学生为中心的注重解决真实世界问题的教育方式。项目式学习基于建构主义的教学理论。

高质量项目的四个特征。

（一）项目真实化

项目导向是真实情境下的问题或活动。以学生的活动和经验为中心，让学生参与到真实情境中思考问题和处理问题。以解决问题为核心，强调学习来源于问题或任务，以培养学生的高阶思维。

（二）多学科深度交融

因为项目是真实的，解决问题的方式不再单一，需要多个学科知识的融合。学生为了完成项目，必须结合自身现有各个学科的知识或生活体验，并通过团队合作来解决问题。以跨学科融合教学的方式，更好地帮助学生理解所学知识的内在联系和应用场景。

（三）学生主体参与

项目以学生为中心，以学生的自主探究为主。作为实践主体的学生需要与教师、材料、问题，甚至人工智能进行不断的互动探究，在合作探究协作中完成成果，激发积极性与创造性。

因为是学生在对项目进行规划、设计、实施，这就需要其主动地不断深挖完成项目所需要的知识并自主消化吸收。这种方式，在培养学生的学习能力的同时也提升了彼此的沟通和合作能力。

（四）评价引领

项目式学习注重的是学生在学习过程中的能力发展，因此，评价特别是表现性评价应该贯穿整个项目的始终。只有这样，才能真正实现对学生综合素质的全面评价。

"古法造纸"项目案例

阳谷县石佛镇鲁庄村是远近闻名的古法造纸发源地，相传蔡伦曾经在这里传承古法造纸技艺。学校依托"蔡伦造纸术"这一非物质文化遗产，带领学生去瞻仰蔡伦像，到农户家中学习古法造纸工艺，感受中国古代四大发明之一造纸工艺为世人的杰出贡献。学校开设了"造纸和四大发明"校本课程，让学生感受中华民族伟大的古代文明，增强学生的爱国意识和民族自信心。

体验古法造纸流程

挑拣树皮

古法取水

蒸煮原料

石碾碾压

体验抄纸

晾晒纸张

图1-15　学生参与"古法造纸"项目学习

项　目	古法造纸		
项目目标	古法造纸中的科学		
核心知识（融合点）	物体的形态变化		
	造纸的工艺		
	物理、化学、项目流程		
驱动性问题	草木如何变成有使用价值的纸张的？		
项目实施	项目分析		
	项目分工		
	项目任务1	挑拣树皮	知识点： 生物：根、茎、叶
	项目任务2	古法取水	知识点： 物理：重力、浮力、滑轮、杠杆原理
	项目任务3	蒸煮原料	知识点： 物理：沸点、火焰（火焰温度的高低顺序为：焰心＜内焰＜外焰）、凝华 化学：燃烧

项目实施	项目任务 4	石碾碾压	知识点： 物理：重力、圆、力
	项目任务 5	体验抄纸	知识点： 物理：力的三要素
	项目任务 6	晾晒纸张	知识点： 物理：蒸发
项目展示与评价	项目成果展示	成果展示	纸张成品
		组长讲解	影响纸张成品的因素
	项目评价	过程性评价	参与情况
		终结性评价	纸张成品（厚度、平滑度等）
项目反思	项目总结		
情感升华与文化提升	中国古代四大发明、毕昇、王选		

第二部分

实践研究

　　本地中小学融创教学开展情况如何？各学校进行了哪些实践和探索？我们对 131 所学校进行调查研究，甄选出部分案例分享给读者，希望对今后的融创教学有所启发，抑或对正在进行融创教学的探索者提供些许帮助！

一、聊城中小学融创教学现状调研

为了掌握本地中小学融创教学的开展情况，收集学校及教师在教学过程中的经验和困惑，为以后工作提供指导和借鉴，以促进本地中小学融创教学的发展，课题组于2022年3月至2023年3月对本地131所中小学进行了调研。调研结果如下。

（一）把两门有紧密关系的学科融创在一起

有超过五分之一的学校重点关注了两门学科间的融创教学。例如地理课上利用数学中的小数乘除法计算时区数、山脚和山顶的温度等。或者学习Python、C++编程时，绝大多数的题目都是解决数学问题的，像通过Python编程算三角形面积、圆的面积，计算水仙花数和缺憾数字，解决百钱买百鸡、鸡兔同笼和牛吃草等问题。代表学校有聊城北大培文学校、颐中外国语学校等。

（二）建立以文、理、艺术分科的融创体系

有五分之一的学校将学科分为以语文、政治、历史为主的文科融合教学体系，以数学、物理、化学为主的理科融合教学体系，以音乐、体育、美术为主的艺术融合教学体系等。代表学校有东昌中学新校区等。

（三）融合地方特色的学科融创方式

有十分之一的学校开发地方特色和学科知识融创课程。例如开发区蒋官屯中学举办"探寻母亲河"研学活动，让学生走近东阿县黄河岸边感受母亲河。教师现场为学生讲解有关黄河的地理特征知识。阳谷县石佛镇中心小学教师带领学生亲历古法造纸现场，在蒸煮、抄纸等工艺中体验传统文化，培养环保意识。

（四）发展STEAM教育，在项目中融创知识

有不到十分之一的学校顺应时代发展，开展STEAM教育，将科学、技术、工程、艺术、数学进行融创教学。代表学校有聊城市实验小学、聊城市文轩初级中学、茌平区第二实验小学等。

（五）采用多种教育技术手段开展融创教学

有五分之一以上的学校把融创教学的落脚点放在信息技术应用能力的学习和提升上。教师主要利用多媒体课件、触控一体机等现代化教学手段提高了教学质量和教学效率，将信息技术作为工具融合于各学科的教学。代表学校有莘县国棉学校、高唐县赵寨子中学、高唐县固河中学、开发区物流园学校初中部、度假区于集镇中学、颐中外国语度假区分校等。

（六）融创教学处于理论研究阶段

有约十分之一的学校尤其是农村学校未开展融创教学活动，教学资源相对贫乏，没有学科融创实践案例。

二、中小学融创教学实践探寻

（一）基于化学和信息科技的融创教学实践

——记阳谷县第三实验中学

1. 问题的提出

随着大数据时代的到来，信息社会不仅对教育领域提出了新要求，也为我们中学教育的发展创造了条件，提供了环境。以多媒体技术和网络技术为核心的信息技术越来越深刻地影响着人类的教育学习方式。传统的课堂教学也在发生着变化，现代化信息技术在教学中变得越来越重要。

信息技术与化学学科教学深度融合，能够改变学生在化学课堂上和课外学习的地位，使学生真正积极主动地探索知识，而不再是被动地接受知识信息，让学生真正成为知识信息的主动建构者。对于全面提高学生的化学素养，是一种全新的视角和问题解决途径。

2. 解决问题的过程与方法

（1）筹备阶段

① 学校成立以党支部书记、校长韩瑞忠任组长的信息技术与化学学科教学深度融

合领导小组，指导开展学科融创活动。

② 理论宣传，达成共识。召开化学教师和信息教师会议，分析学校当前化学教学情况，宣布基于化学核心素养的信息技术与化学学科教学深度融合的实施方案，让教师熟知这一改革理论的内涵，明确工作方向。

③ 制订工作计划，明确工作方向，完善工作实施与保障措施。

（2）实施阶段

① 初期探索阶段。

a.具体分配任务，实行小组负责制。

领导小组召开会议，按照教学模块对工作任务进行分配，成立各实验实施小组，并明确各组负责人。小组负责人针对学校实际存在的问题，制定具体实施计划并在小组内进行讨论，对发现的问题进行及时的更改，确保计划实施的针对性和可实效性。

b.坚持立德树人的育人目标，探索在常规教学活动中方案的实施方法。

c.结合学校实情，探索基于化学核心素养的信息技术与化学学科教学深度融合的实践。

甲、选拔优秀化学和信息教师作为教研组长和学科组长，成立学校教学教研活动小组，制定组长考核制度。

乙、召开组长会议，在思想上达成共识。宣传学校基于化学核心素养的信息技术与化学学科教学深度融合的实施方案，让组长明确工作方向。

丙、针对学校实情，制定教研组捆绑考核的制度，探索集体教研模式和这一方案的实施模式。

丁、结合学校教学现状，制定学校激励政策，推动学科融创活动的开展。

戊、教研活动主要问题探讨：

首先，围绕课题，强化教师自身信息技术知识的再学习。

其次，调查研究，收集分析课题研究的所需资料。

再次，课堂实践，利用资源优势提高学生化学实验操作能力。

最后，课例研讨，发现问题及时解决并努力提高。

d.引导学生转变思想，正确认识网络在化学学科学习过程中的作用，科学上网，充分利用学校便捷的网络资源，迅捷高效地查找所需要的知识。

②全面铺开、推进阶段。

a.围绕课题，强化教师自身信息技术的再学习。

首先，各小组认真学习新课程理念和《义务教育化学课程标准（2022年版）》，积极参加信息技术与化学教学融合的技能培训学习，并充分利用学校的信息技术资源，加强对信息技术知识的再学习。如：课件制作方面的培训学习，Office和微课等软件的使用，积极参加各级各类的课件制作比赛、信息技术教学应用大赛和微课大赛等，其中王保锋、张英芝等几位老师获省、市级微课大赛一、二等奖；王保锋老师在第十五届全国初中信息技术与教学融合优质课大赛中获得二等奖。

同时，化学教师利用学校的创客教室、录播室、科普教室、化学探究实验室，组织学生利用信息技术深度融合到化学课堂教学中，使学生能够更好地提高学习化学的兴趣和效率。

b.调查研究，充分利用现有基于信息技术的化学实验仪器应用到化学教学中，并对化学实验现有仪器进行改进创新。

全体化学教师通过课堂教学了解学生的学习现状，发现他们学习中存在的问题。在此基础上，明确在化学教学过程中采用哪些有效的信息技术手段能够提升学生学习化学的兴趣和学习效率，继而探索运用学校化学探究实验室里的数字技术化学实验设备，提高化学实验数据的准确度，让学生更直观地观察到其动态变化，从而推动化学课堂教学改进。

比如：在学习酸碱中和反应中pH的变化实验探究时，教师利用pH传感器连接到平板电脑上，在平板电脑上随时可以观察到pH的变化，并将图像绘制出来。这样教师可以将信息技术与化学教学深度融合，并运用到实践中，从而使化学课堂变得更加生动、精准、高效。

为了使实验设备更加简单直观地观察到化学现象，课题组教师还主动发现问题，将实验设备进行改进和创新。化学教师王保锋、张之路和信息技术教师张波一起，将该实验中的化学仪器与信息技术中电子元件进行重新组合，形成了一套自制的酸碱中和反应中pH的变化实验设备。该实验设备在市、县自制教具大赛中均获得了一等奖。另外，王保锋老师还指导学生将该实验与计算机编程相结合，用比赛验证成果，获得第十八届全国中小学信息技术创新与实践大赛二等奖。

图 2-1 学生参加大赛

c.以平板电脑为载体，探索学校一三六智慧课堂教学模式。

智慧课堂是在原有普通课堂的基础上，通过智慧学习终端（平板）为载体，将大数据、云平台、智慧学习空间等新兴技术与教学相结合，从而形成智慧课堂。并且，这种全新的课堂模式支持课前、课中、课后不同的学习场景，进行实时数据反馈，实现教学决策数据化、反馈矫正即时化、资源推送智能化。全新的现代化教与学方式，不仅开启了孩子强烈的学习动力，还能真正实现因材施教、精准滴灌式教学。

在课前，提前发布预习任务（如视频、微课、导学案、课件、测试题目等），学生通过平板完成，教师可实时掌握学生预习效果，确定教学重难点，实现以学定教。

在课堂上，开展小组合作、互动探究、游戏任务、抢答、积分竞赛等方式增加课堂实效性、趣味性，杜绝课堂"假学习"；通过当堂检测及时了解每个学生各个知识点的掌握情况，实现精准补救，提高课堂效率。学生人手一台平板，学生和教师通过智慧课堂平台互联互通，教师可以准确掌控全班每一个孩子的学习情况。

在课后，根据学生课堂学习、竞答评测和多元评价等，为学生生成学习诊断与评价，并推送个性化补救学习方案；同时为老师提供客观诊断数据，实现课后精准辅导。

③ 反思、改进阶段。

a.各实践小组不定期召开碰头会，对出现的问题进行整改。根据学校发展情况以及改革进行的情况进行及时的沟通，广泛听取意见和建议，查缺补漏，完善各项工作制度。根据实际进展情况，制订下一步工作计划，明确工作方向。

b.各学科组在推进课堂教学模式的过程中，在学校教务教研部门的跟进下，完善课堂教学模式，落实高效课堂。

总之，阳谷县第三实验中学在教学实践中基于化学核心素养的信息技术与化学学科教学深度融合的研究，取得了一定的成果。通过创设与信息技术相结合的化学教学情境，有效提高了课堂教学效率，是一种值得借鉴的尝试。

第二部分　实践研究

（二）学科融创，让教育真正走进学生内心

——记东阿县实验中学

在国家新一轮课程改革中，学科融合的趋势更为明显，学科融合可以改变学科本位的现状，对增强学生的创新意识，培养学生的核心素养有重要意义。基于此，学校在教育教学活动中积极探索，创造性地开展学科融合教育教学工作。

1. 基于教学主题，创设学科融合

教学的主阵地在课堂，学科融合是为了更好地完成某个教学内容而采取的一种教学方式。设计学科融合时首先要明确教学主题，确定融合点，以教学主题为统领，打破学科教学的边界，筛选能体现主题内容的、有价值的其他学科知识，对这些知识进行有效组织，形成合力，实现不同学科之间交叉渗透，最终达到学习目标的达成。在这方面，地理组和思政组的教师有很成功的实践。

地理学科卓迎迎老师基于打造跨学科课堂理念，在进行《自然　地理　地形》教学时，让学生联系背诵传统文化中提及山地的古诗词，来判读地形，深化地形成因，并且在教学中融合生命教育和生态教育。课堂上，卓老师运用诗句引出问题，李煜的"恰似一江春水向东流"，陆游的"三万里河入东海"，苏轼的"大江东去"，诗人笔下的河流都向东流去，这是什么原因呢？因为我国地形总体上西高东低，所以大部分河流都由西向东流，因而诗词中河水东流就成了普遍现象。经过学科知识的跨界融合，学生不但了解了地理知识，也深化了语文知识，可谓一举两得。

地理教师丁云指导学生融合地理和数学知识，分六个步骤指导学生自制学校电子地图：①创设情境，明确任务。②头脑风暴，制订计划，包括任务的分解、角色分工、呈现计划让学生进行思考。③评价先行（包括自我评价、小组评价、作品评价）。④任务驱动，合作探究。⑤持续探究，真实学习。⑥作品评估，展示成果。

地理教师牛文文另辟蹊径，组织学生进行家乡东阿段黄河的治理与开发项目式学习，这一主题涉及的核心素养是综合思维与人地关系，她以任务支架、问题支架、资源支架等协助学生完成任务，在学习中融合了对地理、生物、思政等多门学科知识的综合学习。

道德与法治组王静老师执教的《崇尚英雄，做时代楷模》一课，融合了道德与法治、历史、语文等多学科知识，通过"寻英雄"，引导学生树立正确的价值观，学习

英雄楷模，从而激发学生的民族血性、爱国情怀；通过"讲英雄"，让学生懂得崇尚英雄，就必须从爱护校园、守护文明，做一名好学生、做一名好公民开始，从努力学习、立下报效祖国的志向开始；通过"学英雄"，宣讲英雄事迹，培养学生在挫折和失败面前敢于担当的品质，在邪恶势力面前敢于应对、不妥协的精神，培养学生的责任担当精神。

基于教学主题的学科融合，以其他相关学科知识辅助教学，能起到相互融合、相互补充的效果，给学生更多的引导，提升学生的学科素养，从而更好地发展学生的核心素养。

2. 基于项目式活动，强化学科融合

学校利用寒暑假时间，组织各年级开展"疯狂的鸡蛋""星际迷航"等项目式学习。在项目开展中，各学科勇于打破传统课堂模式，精心设计课程内容与方案，旨在培养学生通过学科融合的方式解决真实问题，培养跨学科思维和创新能力，促进学生核心素养提升。

"星际迷航"项目式活动中，思政学科李莎老师组织学生在充分翻阅资料的基础上，融合语文、历史、思政等学科知识完成《水浒传之拳打镇关西》等片段课本剧拍摄，学生们分工合作：修改剧本，定位角色，准备服装道具，选择拍摄场地，安排后勤服务，租赁录制工具，选择后期编辑软件。大家在炎炎夏日，冒着蚊虫叮咬和中暑的危险，用时两周终于完成了作品。

图2-2　项目活动：星际迷航

"疯狂的鸡蛋"活动则融合了物理、生物、化学等多学科知识。其中"金鸡独立"项目由两部分组成：（1）在3分钟内，借助一张面巾纸立鸡蛋；（2）在3分钟内，不借助其他物品将生鸡蛋竖直立在光滑的桌面上。

物理组教师尹燕冰给学生提出几个思考题：为什么借助一张纸巾更容易立一枚

生鸡蛋？熟鸡蛋能否像生鸡蛋一样不借助其他物品立在光滑的桌面上？利用旋转法能否将一枚生鸡蛋立起来，为什么？全场学生热烈讨论、积极抢答。最后，尹老师用自己录制的视频，向学生进行了立鸡蛋中的数学与物理原理的科普讲解，形象直观。

"鸡蛋撞地球"项目要求将一枚鸡蛋从高处抛落，在硬地板着陆后不破，学生可以借助提供的3张A4纸，以抛落高度为评价标准。各小组纷纷利用提供的材料和3枚鸡蛋进行方案设计、策略研究和试抛，有的小组在试抛中摔破了好几枚鸡蛋，但学生们没有放弃，不断总结改进，最后终于成功。

基于项目式活动来实现跨学科融合，学习过程中提高了学生自主思考、自主学习、合作探究的能力，进而有效地达成了核心素养的培育目标。

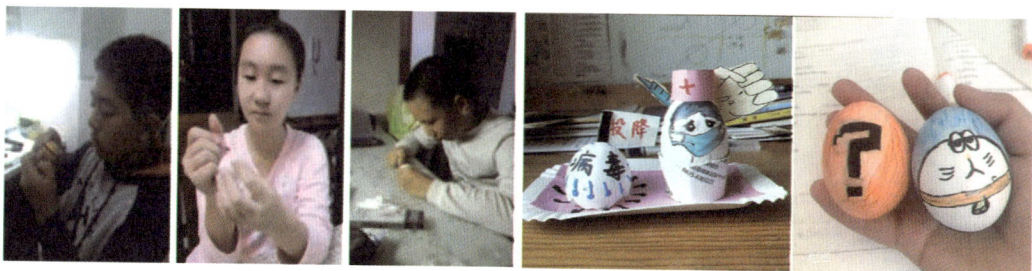

图2-3　项目活动：疯狂的鸡蛋

3. 基于活动主题，探索学科融合

新课程方案首次把"社会活动"列入思政课的必修课。活动课是基于课内学科知识的延伸、拓展和深化。"课程内容活动化，活动设计内容化"为学科融合提供了更多的时间和空间，为学校活动育人提供了更好的支持。

近几年来，学校以"五彩凤"德育品牌建设为抓手，融合多学科知识，将学校德智体美劳"五育"一体化实施，让学生在活动中健康成长。

"五彩凤"品牌取名于学校校徽，分为红黄绿蓝青，分别代表德育体系的五个方面：红色为爱国主义教育；黄色为敬畏生命，法制安全教育；绿色为亲近自然劳动实践教育；蓝色为习惯养成，理想信念教育；青色为责任感恩成长教育。

"五彩凤"本着德育课程一体化原则，将德育课程、学科德育、传统文化、实践活动等进行整合、融合、提炼，聚焦为"五具五善"核心素养，即：具爱国心，具博爱心，具感恩心，具敬畏心，具自信心；善表达，善欣赏，善健体，善阅读，善探索。

"五具五善"是学校结合校情对中学生发展核心素养的"必备品格"和"关键能力"进行的"十种表达"。

学校全力打造"五彩凤"德育课程，开展"徒步祭英烈，立志报祖国"烈士陵园扫墓活动、"修身齐圣贤，儒风少年行"研学活动、党史小先生红色播报活动、毕业生栽种纪念林活动等，让每个学生在沉浸式体验活动中快乐成长，让真善美的种子在他们心中生根发芽、枝繁叶茂，各项活动中融合了语文、思政、综合实践、劳动等学科课程。

学校"寻找心中的英雄"主题教育活动的开展最早源于2019年习近平总书记在思政教师座谈会上的讲话精神，触发于2020年春天的战"疫"大考。我们的使命就是要在学生心中埋下英雄的种子，于是，"崇尚英雄，做时代楷模，做时代标兵"活动开展起来。首先，在校园醒目位置，张贴悬挂10位英模照片和5位卫国戍边英雄宣传海报，集中展示英模事迹。其次，制作英雄推荐卡片，一张张英雄卡片张贴于教室内，配以英雄照片，附有手写文字介绍英雄事迹，并标注英雄精神作为上榜理由，成为班级文化中一道亮丽的风景线。再次，宣讲英雄故事，班级成立英雄推介委员会，所有英雄推荐人需上台介绍英雄事迹、宣讲英雄精神。最后，心中的英雄上榜。推委会一致通过后，方可将英雄卡片装点在墙上，完成英雄上榜。在寻找英雄的过程中学生心中的向善的幼芽正在破土而出，内心受到触动，将钟南山、张桂梅等时代楷模作为真正的英雄。在活动中，学生查阅资料能力、演讲表达沟通能力、人生观思辨能力得到锻炼提高。

学生张晓培说："英雄榜给了我巨大的力量，从最开始收集材料，一点点了解英雄，到演讲中被他们的精神深深打动，如今每次看向英雄榜，都感到有一股力量在推着自己前进。感谢所有英雄，他们是我们学习的榜样，是我们生活中的万丈光芒。"

学校充分发挥地处黄河岸边的地缘优势，深入挖掘黄河文化与学校课程的内在联系，开展"传承黄河文化 赓续黄河精神"黄河文化跨学科现场教学活动。2023年3月15日，学校黄河小卫士、学生代表、各学科教师代表60余人，在黄河边进行了一场沉浸式学科融合教学活动。在音乐老师的指挥下，面对黄河齐唱《黄河大合唱》，面对滚滚黄河水，黄河小卫士庄严宣誓。师生一起参观黄河法治文化广场，了解宪法从制定、修改到完善的光辉历程，现场感受宪法的神圣，让法治意识根植于内心深处。

站在黄河边，学生跟随语文教师赏析黄河诗词、齐诵《黄河颂》，领略黄河文化魅力；跟随思政教师弘扬黄河精神，争做新时代好少年。教师们在化学视角下从黄河水净化延伸至生态保护，从黄河地理知识延伸至金鳞赤尾的黄河鲤鱼，从黄河历史的那些事儿到黄河保护法，结合学科特点，积极传承黄河文化，奏响保护黄河主旋律。

2021年1月20日，《中国教师报》以《一所中学的思政教育创新》为题对学校跨学科大思政建设经验进行了报道。2月8日，《山东教育报》以《让教育真正走进学生内心》为题报道了学校跨学科创新思政教育方式方法。

目前，学校教师充分发挥各自学科专业引领作用，积极优化学科建设，携手探索多学科融合育人全路径，为高质量建设人民满意的教育贡献智慧。

（三）信息技术融入课堂教学的尝试与思考

——记聊城市茌平区杜郎口镇中学

为深入贯彻落实党的十九大精神，办好网络教育，积极推进"互联网＋教育"发展，加快教育现代化和教育强国建设，教育部研究制定了《教育信息化2.0行动计划》，现代信息技术与教育教学融合势在必行。教育体系越来越完善，学科间的相互联系也越来越明显，各个学科相互渗透、共同进步。

"反思三年成名师"，尝试源于思考，思考激发创造创新。学科的融合创新是新时代教学水平提升的必经之路，为了更好地提升教师驾驭课堂的能力，促进教师专业化成长，杜郎口镇中学努力寻找学科融合教学的新思路。

1. 语文学科组研讨内容及实施

《义务教育语文课程标准（2022年版）》提出："拓宽语文学习和运用的领域，注重跨学科的学习和现代科技手段的运用，使学生在不同内容和方法的相互交叉、渗透和整合中开阔视野，提高学习效率，初步养成现代社会所需要的语文素养。"《义务教育艺术课程标准（2022年版）》提出："通过学习美术，丰富学生的视觉、触觉；发展学生的空间思维和动手能力；激发学生的创造精神以及美术的实践能力，达到用美术来表达自己的情感和思想，从而提高学生的审美能力，完善人格。"

以大多数学生都喜欢的精妙文言小说《狼》作为切入点，在"火眼金睛找不同"

环节中，学生兴致盎然、积极投入，争先恐后地展示自己的发现。

在学生依据课下注释自己翻译预习的前提下，对学生的预习情况进行检测。让学生对照原文，仔细看图，找出图中的错误所在。（目的：夯实关键字词的意义）

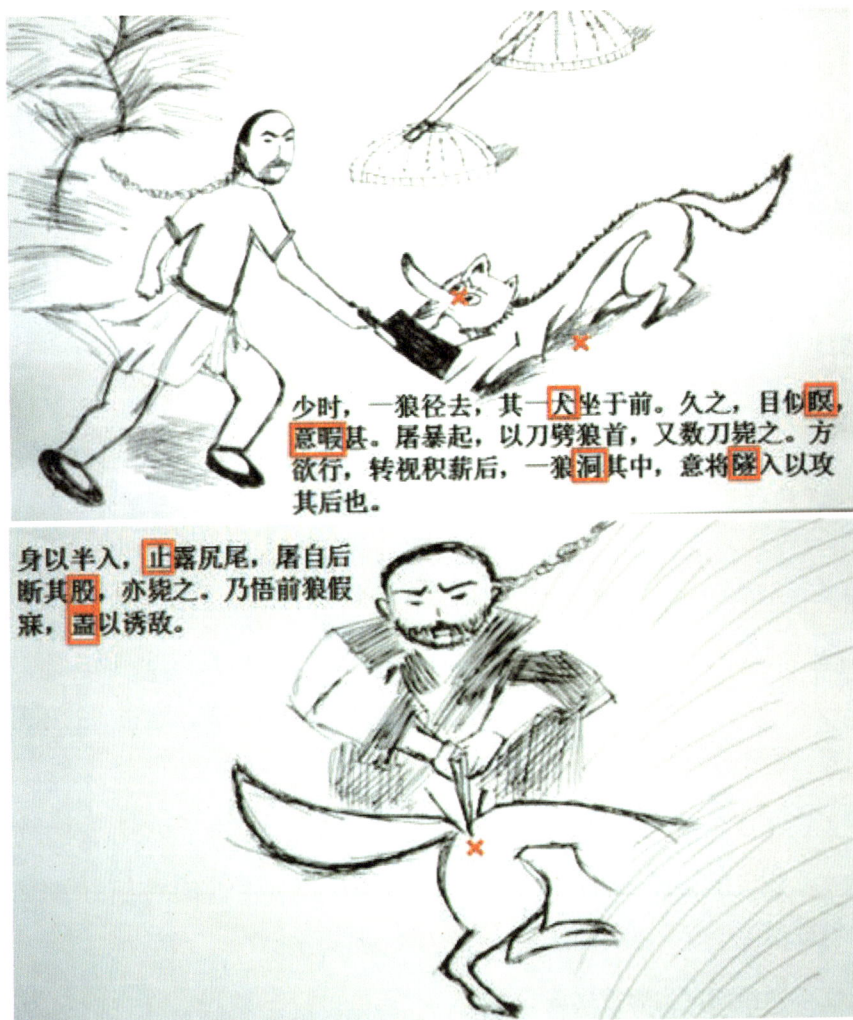

图 2-4　《狼》配图

在原有教学方法的基础上结合文言小说特点，融朗读、翻译、绘画于一体，多角度激发学生的兴奋点，让学生在充满乐趣的课堂上学习文言文，以取得更好的教学效果。

以上是语文学科与美术学科进行学科融合的一次尝试，语文作为教育体系中的基础学科，与其他各学科都有着紧密的联系，在学科融合方面也会有更多的可操作性。

2. 生物学科组研讨内容及实施

生物学作为自然学科的基础，是农业以及医药等技术的核心内容。在初中生物课堂教学活动开展过程中，利用学科交叉知识点的方法进行多学科渗透教学，可以改变单一学科的教学现状，激发学生对生物学科的学习兴趣，进行驱动式教学，能够大大提升学生的学习效率。同时，在初中生物课堂教学阶段，与其他学科相融合，还可以不断提升教师的水平和能力，丰富课堂教学内容，使教师实现个人发展，满足新课程改革的各方面需要。

（1）生物课堂与语文学科融合的研究

语文学科中阅读理解能力的培养几乎影响所有学科的学习状况。比如，在生物教学中做资料分析题时，要能善于用语文的阅读方法去高效地提炼和获取课文资料中的重要信息，而这种能力的培养并非一朝一夕的事。需要教师在教学中精心培养。还有在教学中我们不难发现会运用到巧妙的诗词、成语、谚语或一段课文等引出生物的相关知识点，从而通过创设情境，为生物学科的日常教学增添光彩。比如，"种瓜得瓜，种豆得豆"和"一母生九子，连母十个样"，分别反映了生物的遗传和变异现象；"大鱼吃小鱼，小鱼吃虾米"和"兔死狐悲"，反映了生态系统中生物之间的生物链关系；"大树底下好乘凉"和"千里之堤，溃于蚁穴"，说明了生物对环境的影响；"人间四月芳菲尽，山寺桃花始盛开"，说明了环境对生物的影响；"谈虎色变""杯弓蛇影""望梅止渴""画饼充饥"，说明了生物的条件反射。另外，很多诗句也体现了生物与语文的学科渗透。例如，课文中"西湖春色归，春水绿于染"介绍的是藻类植物；"苔痕上阶绿，草色入帘青"描述的是苔藓植物。这样的例子真是举不胜举。这些让生物教学充满了美感，同时调动了学生的非智力因素，激发了学生探索生物学奥秘的欲望，在潜移默化中提高了自身的人文素养。

（2）生物课堂与物理学科的融合

在生物教学中，充满了多样化的现象，而物理学科刚好可以提供解决这些复杂现象的方法。例如，学生学习眼睛的结构，在认识眼睛的各个结构和功能时，可以渗透外界物体在视网膜的成像原理。凸透镜对光线会聚作用，用于远视眼的矫正；凹透镜对光线发散作用，用于近视眼的矫正。在《肺与外界的气体交换》这节课的学习中，吸气呼气时胸腔和肺容积发生变化，导致气压改变，肺泡与血液之间的气体交换组织里的气体交换运用到气体扩散的原理。在《人体内废物的排出》这一节课的知识点中，汗液的蒸发吸热降低体温。在《人体的运动》这节课中，骨、关节、肌肉的协调配合，运用渗透了杠杆的知识。

（3）生物课堂与化学学科的融合

初中的生物学习中很多过程涉及化学变化的过程。在学习光合作用和呼吸作用的时候，物质之间的变化过程可以给学生渗透化学式的书写以及变化的原理；在学习糖类、脂肪、蛋白质的消化过程中都涉及化学变化以及经过化学变化后的最终分解产物；在人们对于微生物的利用学习中，馒头和面包的发酵、酒的产生都是利用酵母菌的分解作用，泡菜、酸奶的产生利用乳酸菌的发酵，豆腐乳、豆瓣酱的产生利用霉菌的发酵，在这些食品的制作中都是满满的化学反应的变化。在生物学的一些实验现象中有一些实验变化也涉及化学变化。例如检验呼吸作用产生二氧化碳时，会让澄清的石灰水变浑浊；检验光合作用产生淀粉时利用碘液进行检测，这些都涉及化学变化。

3. 化学学科组研讨内容及实施

化学是一门与工农业生产、环境保护、日常生活、能源、资源、卫生保健等有着密切关系的学科。理科综合练习突出了学科间的相互渗透，综合性强。考查的内容至少是两门学科的综合，它有机地渗透了物理、化学、生物、环保、生态、数学、思维学等多学科知识，具有较强的学科融合性，超越了"学科本位"意识。练习多以科学、技术、社会的例子进行立意命题，既能运用实例来加深对知识的理解，又能考查分析问题、解决问题的能力，科学素质和创新意识。针对这一新情况，在初中化学教学中加强跨学科知识的传授和应用就显得尤为重要和必要。如若不然就无法适应这种新情况，学生面对这类试题也就无从下手。为了增强和提高学生分析和解决这类新型试题的能力和技巧，在初中化学学科教学中加强了跨学科知识的传授的探索和研究，已初步取得了一定成效，在近几年初中升高中的化学考试和全国初中化学竞赛中已显示了它的优势。现以几个实例谈谈学校在教学中应用跨学科知识解决实际问题的一些做法。

（1）数学知识在化学课堂中的应用

数学中的极值、数轴、直角坐标系、三角函数以及因式分解中的"十字相乘法"等知识在解决有关化学试题中都有快捷、独到的功效。适时地引入会使学生在解决化学问题时感到亲切和轻松，并加强了学科间知识的渗透。

例如：在讲解关于建立在直角坐标系中的金属活泼性和金属与酸反应产生氢气质量大小的综合试题中，利用三角函数的知识，赋以它物理意义（即速率），并结合有关化学知识来解决，就能使学生感到非常轻松，因为三角函数和速率是学生在数学和物理中早已熟知的知识，现在仅是用已熟知的知识来解决有关化学问题罢了。

（2）物理知识在化学课堂中的应用

物理中有好多知识点是分析物体在某个物理量变化后产生的变化，这正好与化学变化这个动态过程相吻合。因此，物理中的浮力、气压、导电性、杠杆等知识以及等效电路等思维方式常会出现在化学试题中，所以在化学教学中进行相关知识点教学时应注意对学生进行物理学科知识的迁移。

例如：在讲测定空气中氧气含量时，就利用了物理上大气压强的知识。

化学反应原理：利用磷燃烧消耗空气中的氧气，从而使容器内压强减小，打开止水夹后，水进入容器内。进入容器中的水的体积，可粗略地认为是空气中所含氧气的体积。将不可见的气体体积的变化转换成可见的液体的体积。

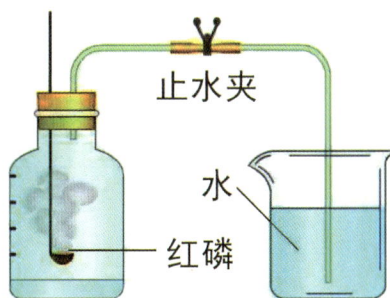

图 2-5　磷燃烧实验图示

（3）环保知识与化学知识相结合

在进行空气、水是人类宝贵的自然资源，一氧化碳和化学肥料等有关知识的传授和讲解中，应加强对学生环境保护意识的教育和环保知识的传授，以增强学生保护和治理环境的自觉性；同时也能解决有关环境和化学相结合的问题。

例如：1997 年，某中学组织自然科学兴趣小组针对市某热电厂下游几十公里的河水中鱼类几近绝迹的现象进行了一次调查，并取得了一些资料：

测定热电厂使用的燃料煤中硫含量，测得煤中含硫的质量分数为 0.0064%。

了解煤燃烧后的气体排放情况。发现燃烧后的气体未经处理即排放到空气中，该热电厂地处多雨地区。

了解热电厂发电用水的情况。发现电厂发电用水未经冷却直接排入河中。

（4）物理、化学、生物知识的融合

物理、化学、生物三科的知识综合在一起，合编为自然科学。在化学教学中应注意穿插有关知识，不然就无法让学生解决有关问题。

以上从四个方面说明了跨学科知识在初中化学教学中应用的重要性和必要性。只有在教学中加强学科知识间的联系，才会提高学生学习知识的积极性和自觉性，提高学生分析问题和解决问题的能力和技巧，更加适应素质教育的要求，避免应试教育中曾出现过的"高分低能"等弊端。使教育为生产实际和生活服务。因此，作为初中化学教师在平时的教学中应自觉加强跨学科知识的教学和应用。

4. 历史学科组研讨内容及实施

以沟通中外文明的"丝绸之路"为例：

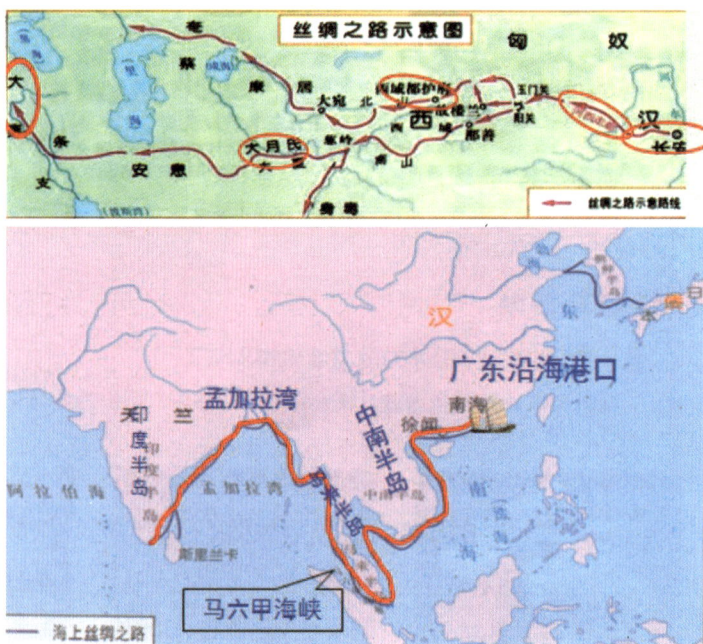

图 2-6 丝绸之路示意图

丝绸之路在古代是一条横贯亚洲、连接欧亚大陆的著名陆上商贸通道。它是沟通东西方之间经济、文化的重要桥梁，把古代的中华文化、印度文化、波斯文化、阿拉伯文化、古希腊文化和古罗马文化联系起来，对促进东西方之间文明交流发挥了极其重要的作用。其主要内容在七年级上册《张骞出使西域与丝绸之路》这一课，主要内容是丝绸之路的形成，以及丝绸之路对汉朝乃至后世中国的重要作用。

海上丝绸之路是古代中国与外国交通贸易和文化交往的海上通道，该路主要以南海为中心，所以又称南海丝绸之路。海上丝绸之路形成于秦汉时期，发展于三国至隋朝时期，繁荣于唐宋时期，转变于明清时期，是已知的最为古老的海上航线。其主要内容在七年级下册《灿烂的宋元文化》中，元朝时期海上丝绸之路达到顶峰，建立起横跨太平洋、印度洋的海上贸易线。

第二部分　实践研究

学习张骞出使西域的时候，让学生扮演使节，寻找自己应该走过的路，跟地理联动，在地图上落实，画出经过的重要城市；学习海上丝绸之路是让学生看地球仪，找经过的航线，在地球仪上落实，找到要经过的大洋和重要地理位置。这样既调动了学生学习的热情，又培养了学生的历史时空观。在学生头脑中，形成了图文并茂的历史知识，更加深刻地感悟历史文化。

课堂实施时先让学生针对历史上学过的丝绸之路自由发言，引导学生说出丝绸之路的起始路线，让学生在地图册上找到路线上的地点，引出这节课中的西亚。

创设情境，分析使团路上可能出现的天气，引出该地区的气候有哪些特征，分析出现该天气的原因再详细到该地区的地形特征，串联知识在丝绸之路上能够看到哪些当地特产、会发生哪些小故事，引出西亚的经济作物和宗教文化等。由历史上著名的丝绸之路导入课堂，吸引学生浓厚的兴趣，积极探索路上的风土人情，也对本节知识充满好奇心，自主通过地形图、气候图等来畅所欲言分析出现这些故事的根本原因，了解西亚基本的地理知识。

地理学科知识：丝绸之路从中国西安出发，沿河西走廊出新疆，经过中亚、西亚，到达欧洲，现在，西亚除有铁路、公路以及国际航空线联结亚洲其他地区、欧洲和非洲之外，还控制着海上交通要冲。西亚地处亚非欧三大洲的交界地带，介于阿拉伯海、红海、地中海、黑海、里海（内陆湖）之间，被称为"五海三洲之地"。海上丝绸之路经过东南亚到达南亚，东南亚位于亚洲的东南部，包括中南半岛以及马来群岛的大部分，分别介绍中南半岛以及马来群岛的地形特征、气候特征、河流特点，而且其中的马六甲海峡是地理中的重要知识点，是沟通太平洋与印度洋的天然水道，也是联结欧洲、印度洋沿岸港口与太平洋西岸港口的重要航道，被称为"海上生命线"。南亚除重点介绍三大地形区外，还要介绍当地的气候——热带季风气候——一年分三季（雨季、凉季、热季），涉及的时间、风向以及带来的影响。

政治学科知识："一带一路"是"丝绸之路经济带"和"21世纪海上丝绸之路"的简称，这二者共同构成了"一带一路"重大倡议。"一带一路"彰显了中国的大国担当，强调了相关各国要打造利益共同体的构想。

经济方面知识：体现了经济全球化和市场经济的发展。面对经济全球化，我们既要顺应历史潮流，保持积极、开放的心态，主动参与竞争；也要居安思危，增强风险意识，注重国家经济安全，为应对各种困难和挑战做好充分准备。

在文化方面体现了文化多样性与文化的交流，面对多样的文化，各国应当用开放和包容的心态，学习和借鉴优秀外来文化，促进和而不同、兼收并蓄的文明交流。

在政治方面体现了国家间的共同利益。国家间既有合作，又有竞争。当今世界，国际竞争的实质是以经济和科技实力为基础的综合国力的较量。

通过视频导入，让学生去感知"一带一路"带给各个国家的影响，引发学生的思考与探索，培养学生的国家主人翁意识。从历史唯物主义观点出发，结合地图以及历史知识，针对视频中的案例，让学生分析经济全球化的利弊，探讨多样文化交流的好处以及国家之间的利益纠纷与竞争。通过对子互学、小组合作等多种形式调动学生学习积极性。让学生更加深刻感悟到中国的大国担当，作为中国人更加有底气、有自信。增强了学生的爱国情怀，也拓展了学生的国际视角。

以上案例是聊城市茌平区杜郎口镇中学在学科融合方面的典例操作，从实践效果来看，学科融合产生的效应要大于单一学科。一方面是因为学科融合能够调动学生学习的积极性，另一方面是因为学科融合会让学生将所学内容联系起来，在一定程度上实现对学习内容的"再映现"，并实现知识体系的建模。因此，对于学科融合，我们要继续探究，直至探索出一整套完美的体系。

（四）德育引领学科融合

——记阳谷县石佛镇小学

阳谷县石佛镇小学是一所乡镇小学。近几年，学校注重学科融合教育教学，以德育为引领，将德育贯穿教育教学的始终，注重信息技术在各个学科的融合，同时各学科根据教育教学实际需求，进行学科教学融合，以达到更好的教育教学效果，促进教育提质增效。

1. 思政教育课程引领，融入各项活动之中

作为落实立德树人根本任务的关键课程，道德与法治课在整个过程体系中起着政治引领和价值引导的作用，在课堂教学的过程中，教师结合具体的教学内容，不断引导学生树立文化自信，坚定理想信念，厚植爱国主义情怀。

（1）开足开全课时，学科有机融合

教学工作是学校的中心工作，而课堂是完成教学工作的主阵地。学校开足开全课时，特别是道德与法治课堂教学展现了思政课的重要性，同时恰当地融入了其他学科的内容。

比如，在一年级道德与法治"大自然中的快乐"教学过程中，邀请音乐教师王云霞走进课堂，引导学生欣赏儿歌《春雨滴答》，让学生感受到音乐的美。学生很快随着王老师唱起来，沉浸在大自然的美妙之中。在歌声中慢慢地体会、细细地品味"一沙一世界，一花一天堂"，展开丰富的形象力，在潜移默化中提高了语文、音乐素养，激发了热爱大自然的情感，陶冶了情操。

（2）活动拓展延伸，积极渗透增效

学校重视对教师的业务培训，开展多种形式的教师培训活动。先后参加山东省道德与法治课程的培训，聊城市红色主题"三个一"活动的学习。通过学习，思政教师更加明确了多学科融合的重要性。培训过程中，融入了数学、语文、音乐、美术以及信息技术多种科学的知识，形成了知识的体系，思政教师核心素养得到了提高。

（3）传承红色基因，赓续红色血脉

学校以"学生习惯养成教育"为德育工作主线，通过国旗下演讲、宣传栏、主题班会、综合实践活动课等多种形式开展习惯养成教育。学校依托石佛镇驻地的韩子栋纪念馆，组织少先队员感受英雄感人事迹。由纪念馆讲解员、退休教师韩兆星（韩子栋的侄子）讲述伯父韩子栋（小说《红岩》主人公华子良的原型）在狱中14年，面对敌人的严刑拷打、威逼利诱，毫不动摇，没有吐露半点党的机密，与敌人斗智斗勇的艰辛传奇历程。以此来传承红色基因，继承优良传

图2-7　学生参观韩子栋纪念馆

统，弘扬革命精神，教育学生珍惜美好生活，努力学习，长大报效祖国。

活动中，融入了语文、道德与法治、综合实践等学科的内容，做到了思政课堂外的延伸，培养了学生的家国情怀。

2.学科教学深度融合，促进学生全面发展

新课程标准要求：教育要以习近平新时代中国特色社会主义思想为指导，全面贯彻党的教育方针，遵循教育教学规律，落实立德树人的根本任务，发展素质教育。坚

持德育为先，将社会主义先进文化、革命文化、中华传统文化、国家安全、生命安全与健康等重大主题教育有机融入课程，增强课程思想性。

（1）语文学科与德育学科融合

新课程标准指出：语文课程的教学，通过优秀文化的熏陶感染，促进学生提高思想道德修养和审美情趣，逐步形成良好的个性和健全的人格。因此，语文课的教学就是对学生进行美育教育。

① 课外阅读渗透德育教育。

日常的课外阅读活动中，根据县教研室推荐的必读书目以及教材中推荐的阅读书目，引导学生进行阅读，开展个人读书、亲子阅读、阅读交流、课前3分钟展示等活动，对学生进行审美教育。在学生获得文化知识的同时，获得美的熏陶。尤其近3年，每学年举行一次经典诵读比赛，选取相应的主题组合诗词，进行经典诗词诵读比赛。2023年所选主题"爱国诗篇"，对学生的教育影响深远。

② 课堂教学突出德育教育。

语文课程的教学归根结底就是通过优秀文化的熏陶感染，促进学生提高思想道德修养和审美情趣。在教学活动中，每堂课都能体现美育教育。

《月光曲》一文塑造了贝多芬、穷兄妹俩两组人物形象。贝多芬是德国著名的钢琴家，理解这一人物形象时，教师着重向学生介绍他的生平事迹，以及他的名言"我的音乐只应当为穷苦人造福。如果我做到了这一点该是多么幸福"。从贝多芬为穷兄妹俩弹奏乐曲这一故事中，让学生感受到贝多芬不辞劳苦、一心为民作曲弹琴的精神。这种善良的品性正是审美教育的源流。在教学过程中对学生进行德育教育，水到渠成。

③ 比赛活动推进德育教育。

每学期的作文比赛活动，是学生的必修课。在写作中促进学生综合能力提升的同时，培养他们的竞争意识，同时激发他们的审美情趣。

（2）数学学科与德育学科融合

五育之首的德育贯穿于数学这门基础学科的整个教育中。

① 结合数学教材内容，用中国光辉的数学史、数学成就，采用多种形式对学生进行思想道德教育。

在教学"圆的周长"时，结合圆周率，引导学生通过查阅资料，了解刘徽和祖冲之计算出的圆周率近似值早于欧洲 1100 余年动人事迹；在学习"认识负数"时了解负数的由来；学习"最小公倍数"时，去了解中国剩余定理等；然后通过手抄报的形式展现出来。这样既增强了学生的民族自豪感，又有效培养了学生的爱国意识。

② 联系现实生活，用身边的数学问题渗透德育。

思想教育不只局限在课堂上，也可以与课外学习有机结合，还可以适当开展一些课外活动进行有针对性的主题教育。

学完"简单的数据整理"后，教师让学生课后调查自己家每月生活费，然后计算自己家一年的生活费。这样既让学生掌握了有关的数学知识，又对他们进行了"合理消费""勤俭节约"的教育。

我们在讲解"整理与分类"一节时，让学生在家帮助妈妈做家务、整理衣物，这样在调动学生学习数学的积极性的同时，也对学生进行了爱生活、爱劳动的思想教育。

（3）英语学科与德育学科融合

现行的小学英语教材为我们提供了思维活动、情感态度、道德态度、社会文化等多个语言功能项目，内容十分丰富。这些语言材料，为课堂的德育实施提供了丰富的素材。教师找好德育切入点，适时地、自然地对学生进行思想教育和情感教育。英语教师深刻挖掘教材深层次的教育思想，在英语课堂上及时、随时渗透思想教育。以课堂为主阵地，以课外活动为补充，以主题活动为穿插，再把思想道德教育融合到英语教学活动中。

① 课堂落实中国传统文化教育，增强文化自信。

英语是一门具有"工具性"和"人文性"双重性质的学科。我们国家的传统节日文化是几千年积累的文化精华，内涵丰富，形式多样。在小学英语教学中注重传授中国传统文化，加强学生对中国传统文化的认同感。在小学英语课堂教学中，融入中国传统节日文化，既能让学生学习语言，也能让学生在学习中更好地了解传统节日文化的内涵，对于中国传统文化的弘扬光大有着十分重要的现实意义和价值。

李文敬老师在教授 *We have a big family dinner* 一课时，依据课程标准，整合教材内容，创设真实语境，设计多样课堂活动。

学生在学习课文的同时也是在接受文化的熏陶、接受思想的教育。在英语课堂教学时，教师充分运用有关内容把握住教育的价值，重视对中国传统文化的学习并增强文化自信。

② 英语课堂渗透中国地理环境元素，加强爱国主义教育。

爱国主义最明显的外在表现在于热爱祖国的山河。小学生在英语教材中看到这些图片，会用英语讲述自己祖国的长城、长江、黄山、黄河……从小培养学生热爱祖国每一寸土地、珍惜和保护祖国大好山河的情感，可以让爱国主义精神流淌在这些国家未来建设者的血液中。增强学生对祖国山河的认识，激起学生为祖国拥有如此壮丽的美景山川的民族自豪感，进而转化为对祖国的强烈热爱之情。

③ 利用热点资源结合教材，提高思想道德教育。

在教学 He spent about twenty-one hours in Space 这一课时，结合航天英雄杨利伟的事迹，刘翠梅老师拓展到航天员王亚平、翟志刚、叶光富，以及神舟十三号飞船、中国航天空间站的一些资料，让学生感受中国航天事业的发展、中国高科技的迅猛进步，更进一步使学生感受祖国的强大和伟大，更增强了学生的爱国意识和国家自豪感。

④ 课下专题活动，渗透思想教育。

英语课堂上围绕活动开展教学，课下也开展丰富的专题活动来丰富学习。结合中国的节日特色和文化传统，分别在国庆节、清明节、春节等节假日，让学生做一些手抄报、小制作等，在学习英语的同时，也渗透一些中国元素，使学生在潜移默化中接受中国传统节日的熏陶，无形当中给学生输入爱国主义思想。

3. 特色精品校本课程，渗透家国情怀教育

学校以德育为引领，结合地域特色，进行学科融合，开发校本课程。

特色课程一：《伟大的母亲》校本课程。学校附近的平房村留有孟母祈蚕祠遗址。学校充分挖掘和弘扬母教文化立足乡土特色，学校广泛收集资料，弘扬母爱，崇尚孝德，带领少先队员去孟母祈蚕祠遗址处祭拜，并在学校创办了有关孟母祈蚕祠文化墙，开发了《伟大的母亲》母教文化课程，弘扬传统文化，传承孝道精神。

特色课程二：《崛起的阳谷新城——伏城》。依托学校附近的新凤祥集团、祥光铜业、千亿工业园区、鲁西南医院、凤栖湾等祥光新城建设，开设了《崛起的阳谷新城——伏城》校本课程。让学生去参观祥光新城，体验、感受家乡日新月异的变化和现代工业文明的魅力，通过写观后感、对家乡未来的展望等增强学生热爱家乡的情感以及努力学习将来建设美丽家乡、建设美丽中国的美好憧憬。

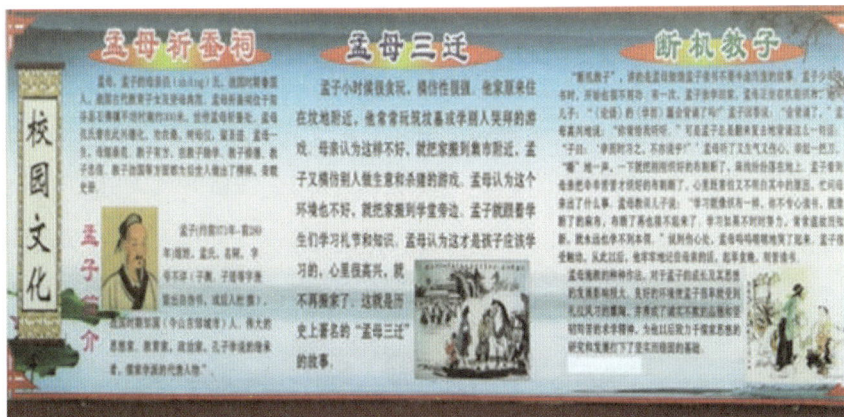

图2-8 校园内孟母祈蚕祠文化墙

图2-9 少先队员去孟母祈蚕祠遗址祭拜

孟母祈蚕祠，乃"孟母祈蚕之所（《三迁志》）"。世传：孟母仉氏曾停留居住此地，在这里兴德化、劝农桑、树母仪、留圣迹。

编印校本课程教材，分别在三、四、五年级开设，已形成的小型家国情怀教育课程体系，大大激发和培养了学生爱家乡、爱祖国的感情。

图2-10 校本课程教材

4.项目式学习活动，促学科深度融合

（1）"现代技术＋非遗工坊"项目式学习，深度学科融合

学校借助地处蔡伦造纸发源地优势，开展"现代技术＋非遗工坊"项目式学习活动，在开发《造纸及四大发明》校本课程的基础上，将传统造纸工艺、活字印刷与3D建模、激光雕刻等现代科技相融合，开展集古法造纸、活字印刷、拓版印刷、纸艺于一体的个性化活动，培养学生实践创新的能力，彰显古为今用、传承发扬的科学精神。

图 2-11　学校的"非遗工坊"

这一课程成果参加了2019年山东省教育技术装备现场会展示活动，并于2020年9月参加了山东省教育厅在烟台举办的山东省教育装备博览会专题展示活动，精彩的表现赢得了与会专家的高度好评。

（2）"校园模型"项目式学习，深度学科融合

为开拓学生思维，学校项目组进行深度学科融合，引导学生建造校园模型。在活动过程中，师生进行校园规划模型设计制作，学习建筑和环境、校园规划模型设计制作知识和技能，合作校园规划模型设计制作，开拓了学生的三维立体想象空间，提高了学生立体造型的创意和动手制作能力，培养了学生热爱生活、学习环境及学校的情感。

项目负责人藏锐老师从制作校园模型的准备工作、制作方法和制作意义进行综合统筹，引导学生把数学中的测量、比、位置与方向、画图和长方体制作相关知识运用于实际操作，真正做到了把数学运用于生活。通过小组成员的共同努力，学生现场完

成了学校的校园模型。这次项目式学习活动，不仅提高了学生核心素养，还提升了学生的爱校意识和感恩情怀，让数学真正走进学生心里。校园模型制作，让学生了解了学校的建筑布局，发现数学在生活中的重要性，感受到了团队精神。

模型绘制

实地测量

激光切割

模型拼装

领导参观

专家指导

图 2-12　校园模型制作

（五）初中各学科与道德与法治和信息技术的融合
——记聊城高新区实验中学

新课程标准中明确指出：要充分发挥跨学科学习的整体育人优势，增强跨学科学习的计划性和目标意识。因此，多学科融合教学是培养学生综合能力的必要方式。

立德树人是教育的根本任务，也就是对学生进行思想上的教育。道德与法治这门学科主要对学生起着思想教育的作用，这门学科包括爱国教育、亲情教育、挫折教育、生死教育等，因此把道德与法治融合到其他学科中，对学生整体素养的提高起着非常重要的作用。信息技术的运用能够改变传统的教学方式，使各学科的教学效率显著提高，因此学校进行了各学科与道德与法治和信息技术的融合实践，效果尤为显著。

1. 语文的学科融合

（1）语文和道德与法治的学科融合

语文的思想教育涉及广泛，有爱国教育、生命教育、意志教育、精神教育等，这些都对青少年的健康成长起着非常重要的作用，也是和道德与法治的结合点。

七年级上册语文课文《散步》，通过写一家人散步的琐事，体现中华民族尊老爱幼的传统美德，最后一句"好像我背上的同她背上的加起来就是整个世界"，这就是亲情教育。还有立意高远的红色经典文章，比如《纪念白求恩》《白杨礼赞》《回延安》等，教育学生做大公无私的人，有力求上进、不折不挠的精神，有一颗赤子之心。《吃水不忘挖井人》，教师在品词析句的同时进行了思想渗透。还有严于律己、宽以待人的精神（《叶圣陶先生二三事》），实践出真知（《河中石兽》），提醒大家敬业是责任心、乐业是趣味的《敬业与乐业》，还有表达对黑暗中的、多灾多难的、伤痕累累的祖国的深沉的、至死不渝的、艰难的爱的《我爱这土地》《祖国啊我亲爱的祖国》，这些都能对学生的思想起到教育的作用。

（2）语文与信息技术的学科融合

在传统的授课方式中，对于诸如《壶口瀑布》这样的的文章，只能让学生在教师的讲解下去想象祖国大好河山的壮美，但是信息技术在课堂上的应用，让学生能够直观地感受到大好河山的气势之美，这对于增加学生的爱国之情无疑起到非常重要的作用。

2. 数学的学科融合

德国哲学家赫尔巴特曾经指出："我不承认有任何无教育的教学，教学如果没有进行道德教育，只是一种没有目的的手段。"数学学科的教学要使德育渗透在每一个教学活动的环节之中，科学文化教育与思想品德教育要相互协调、互相促进、彼此渗透。

（1）数学与道德与法治的学科融合

我国金元时期数学家李冶首创在数字上加斜画表示负数，这可以说是世界上最早的负数记录。我国《九章算术》中记载的正负数的运算法则，是世界上最早记载正负数加减法的资料。我国古代的科学成就令人瞩目，这些真实典型的数学史不仅可以激发学生强烈的爱国热情和民族自豪感，也可以激励起学生学习的进取精神。

此外，学校教师还将科技创新的成果充分运用到德育渗透中。比如：在学习"圆的对称性"一节时，首先视频播放聊城的一些大桥，让学生感受到圆的存在，然后引出赵州桥的例子，提问："你能求出赵州桥主桥拱的半径吗？"从而进入新课的研究。通过观看有关视频，让学生感受到数学就在自己身边，同时这也符合初中生的认知特征，使学生乐于进一步探索和学习，激发学生的学习兴趣，培养学生的人文精神，同时进行德育教育。

（2）数学和信息技术的学科融合

利用信息技术手段将生活情境生动形象地展现在学生面前，能够在短时间内调动学生多种感官参与活动，大大激发了学生的学习兴趣。例如在讲授"垂直"这一概念时，教师有目的地设计一组 Flash 跳水动画，当画中人物成功跳入水中时，其动作能引起学生的注意；当人物没有成功而斜插入水后，计算机会传出"啪"的一声，学生几乎都笑了。一片水花过后，画面上打出字幕：他为什么不成功呢？几乎所有的学生都说出来"不垂直"。教师问："什么叫垂直呢？"接着教师精讲有关垂直的概念。这节课在轻松愉快的氛围中顺利完成，所有学生都明白了什么叫"垂直"。

多媒体辅助教学实现了传统教学中所不能实现的效果。例如在讲"圆和圆的位置关系"时，先通过欣赏日食过程的天文现象引入课题（设计日食动画，既体现与其他学科的整合，又能唤起学生的好奇心与求知欲），再让学生通过自己实践操作"两圆运动"，试探圆和圆的五种位置关系，再结合多媒体共同归纳总结。并利用生活现象"两滴水珠所产生的水纹"（Flash 课件展示）判断圆和圆的五种位置关系。通过精彩的动画进行及时反馈训练，可以增强教学的直观性和趣味性，同时又培养了学生的观察力和注意力，深化了学生的认知程度。

3. 英语和道德与法治、信息技术的学科融合

教师在教学中采用投影、录像等多媒体手段，呈现丰富生动的教学内容，使教学内容具有丰富的感染力，将学生的认知过程、情感历程和意志表现有机地融于一体，为学习者提供大量的直观材料，丰富学生对英语语言的理性认识。例如，在英语课堂教学中，可以先将与本课新授部分内容相关的歌曲以动画加音效的形式引入课堂，使学生们自然地接受英语或英语歌曲，进而萌发进一步学习英语词汇或句子的兴趣。教师还可以将语言知识点以动画或幻灯片形式进行教学。同时在英语教学中要融入德育教育。

利用信息技术创建英语教学环境，激发学生学习兴趣；利用多媒体信息技术，可以为学生提供多感官刺激，促进学生的学习和记忆，促进学生情感上的共鸣，对学生的道德教育提供感官刺激与体验；信息技术与英语课程教学的融合可以改变传统教学的单调模式，为学生提供大量的直观材料，丰富学生对英语语言的理性认识；

利用多媒体信息技术，可以发挥学生的主体性，有利于其自主学习；信息技术与英语课程教学的整合能够以计算机特有的交互方式实现整体教学与个别教学的结合，做到因材施教；信息技术可以为英语教学提供丰富的网络资源，极大地丰富了学习资源。

4. 信息技术和道德与法治的学科融合

在初中道德与法治课堂的教学活动中融入信息技术，不仅能够活跃课堂气氛、丰富教学内容，还有助于提高教学活动的效率以及促进学生的进步和发展。

（1）借助微课促使学生形成良好学习习惯

微课，其实就是针对部分重点内容制作而成的微小视频，它主要通过信息技术得以实现。为了能够充分发挥信息技术在道德与法治课堂中的作用，教师还要懂得使用微课，以培养学生的良好学习习惯。如在《青春的证明》教学过程中，教师可以引导学生用微课进行自主学习。

（2）借助多媒体创新课堂教学

学生对道德与法治课堂能否提起学习兴趣，与教师的教学方式有着密切关系。作为道德与法治教师，一定要重视信息技术在课堂中的运用，以一种新的教学形式向学生介绍道德与法治内容，充分发挥该学科的育人功能。教师要充分利用多媒体技术，将之融入于道德与法治教学活动中，合理构建教学结构，真正实现信息技术与学科的有机融合，在提高课堂效率的同时，促进学生的全面发展。

5. 物理和道德与法治、信息技术的学科融合

多媒体信息技术应用到物理教学情境的创设中，可以给学生带来视觉上的冲击、情感上的感染，展示物理世界的神奇与奥妙，同时又激发学生的好奇心和求知欲，提供师生互动的平台，把师生的注意力吸引到大屏幕上，提高教学效果。例如，在学习"声音"一节时，播放音乐会录像资料；在学到"浮力"时，播放人们乘热气球、在死海中游泳等场景，为新课的学习创设一个丰富而又精彩的物理学习环境。信息技术与演示实验的整合，可以弥补演示实验的不足，增强学生的感性认识。学生分组实验时，在学生动手操作之前，教师先通过大屏幕讲解或者演示该实验的方法、步骤及注意事项等问题，能有效便捷地让学生领会和掌握实验的内容。借助计算机的帮助，用摄像机把演示实验的现象录制下来，重放、慢放或者放大，甚至模拟实验现象的关键部分，并依据需要把长时间的过程缩短，或者把变化的瞬间拉长、展开，再现物理过程，能够帮助学生观察，从而弥补演示实验的不足，给学生产生不可磨灭的印象。当然，虚拟、模拟实验的真实性较差，可信度较低，因此不能完全替代实物演示实验。信息技术与教学内容的整合，可以提高课堂教学效果。在物理教学中，注重与其他学科的渗透与融合，尽可能达到更好的教学效果。

6. 化学的学科融合

（1）化学和道德与法治的学科融合

化学在缓解人类面临的一系列问题上做出了积极的贡献，如在能源危机、环境污染、资源匮乏和粮食供应不足等方面。义务教育阶段的化学教育，要激发学生学习化学的好奇心，引导学生认识物质世界的变化规律，形成化学的基本观念；引导学生体验科学探究的过程，启迪学生的科学思维，培养学生的实践能力；引导学生认识化学、技术、社会、环境的相互关系，理解科学的本质，提高学生的科学素养。

（2）化学学科德育的实施办法及相关案例

在课堂上利用化学知识的学习，使学生感受到世界是变化的，也是物质的。任何物质都有两面性，不要简单地用好或坏去区分，要学会辩证地认识物质、看待世界。

世界是由物质组成的，物质是在不断变化的，可即使变化，也要遵循守恒定律。"种瓜得瓜，种豆得豆"也是这个道理。借机引导学生努力学习，知晓有付出才有回报。

7. 生物的学科融合

（1）生物和道德与法治的学科融合

在了解我国的生物多样性的情况时，通过对我国现有动植物数量的统计，让学生了解我国的生态状况和生态保护政策，增强学生的爱国情感和忧患意识，从而加强学生的责任感与使命感。在学习两栖动物和爬行动物时，让学生意识到野生动物是自然生态系统的重要组成部分，也是大自然赋予人类的宝贵资源。

（2）生物与信息技术的学科融合

通过将多媒体信息技术有效地融合于生物学科的教学过程来营造一种新型教学环境。例如：教学设计中迷你情景剧一"医生救救我"的环节，有了多媒体作为依托，参与表演的学生能及时借助幻灯片获取表演的内容，其他学生可以非常清晰地领会表演者的意图。

8. 艺体的学科融合

艺术学科是一门综合艺术实践性很强的学科，它与文学、美术、体育、科学等多门学科相融合，可以渗透到各学科中。在艺术教学中也可以发现思政学科的踪影，艺术与之融合产生优秀的作品。在实践中，通过创设情境激发兴趣，发散思维，培养学生丰富的想象力和实践创新能力，提高审美修养。

《音乐之声》中的作品《雪绒花》，表达了对祖国的热爱之情。欧洲最具影响力的音乐剧之一的《猫》，杰里科猫族一年一度的盛大聚会，它们纷纷登场，它们尽情表现，它们从排斥到接受，它们友好地相处，最终实现了自己的愿望……它们吸引着学生们的目光，让学生感受自立、友好、奋斗的德育目标，无不呈现着思政课堂的缩影，良好的教学手段的运用展现了现代信息技术的渗透。

美术课里的《书林漫步》，使学生对书籍的历史有了系统的认识，也感受到了造纸术、印刷术在书籍历史中起到的推波助澜的作用。对比中外书籍设计的历史和发展现状，不免令大家心生自豪。新时代的少年儿童，理应明辨历史，珍惜求学时光，力求为国家为民族尽一份力，教师课件里精美的图片的运用又充分彰显了信息技术的力量。

体育学科中培养学生的运动兴趣与爱好，形成坚持锻炼的好习惯也是很好的德育精神的显现，展现了思政课程的引领作用，影响着体育精神的培养，形成了学生积极进取、乐观开朗的态度。学生参加劳动与锻炼机会少，尤其是缺少耐力训练和力量训练，在一些需要克服障碍才能完成的项目中运动不积极、意志力不强，耐力也不足，团队合作可以鼓励和帮助学生更好地去克服困难、挑战自我。

（六）基于STEAM的融创教学实践

——记聊城市茌平区第二实验小学

为贯彻习近平总书记关于科技创新与科学普及"两翼理论"的精神，落实教育部《教育信息化"十三五"规划》和《山东省教育厅关于深入推进教育信息化工作的通知》精神，促进素质教育和创新教育的全面发展，茌平区第二实验小学作为茌平区龙头学校，率先开始筹建了聊城市小学第一所创客实验室，致力于培养敢于创新、善于创造、精于学习的人才，进而影响带动身边的学生创新创造。

目前学校已经建成了集编程、木工作坊、3D 设计、平面设计为一体的 STEAM 主题实验室，STEAM 教育也取得了飞跃式发展和成绩。学校先后被评为"中国 STEAM 教育 2029 行动计划"第二批领航学校、山东省信息学奥林匹克联赛优秀组织单位、山东省创客大赛优秀组织单位、山东省信息学奥赛金牌学校等。

1.STEAM 教学理论路线

（1）确立建设一流 STEAM 主题实验室的目标

在 STEAM 主题实验室建设初期，学校成立了以校长侯文明为组长的 STEAM 教育领导小组，制定了学校 STEAM 教育发展规划，将 STEAM 主题实验室建设作为重中之重，并为实验室建设大开绿灯，不仅在资金方面给以较大投入，而且对于专业教师外出学习培训也给予了大力支持。

在课程内容方面，学校根据学生发展需求因材施教，对于学生提出构想，教师以专业知识规划实现路径，将长远目标分为若干项目，教师引导学生逐步完成。

例如，对于喜欢编程的学生，他们最初想写的程序有可能会与游戏相关，教师就会引导他们做出第一个简单的游戏项目，然后再抛给他们更专业的工具和平台、语言。他们会如饥似渴学习尝试。完成一个项目后，他们又有了进一步做应用软件或者算法竞赛的想法，于是逐步引导到他们的天花板高度，鼓励他们不断探索，冲击难度更大的项目。当他们历经艰难取得了成绩，教师会鼓励他们将自己的学习经验分享给其他同学，使后面的同学少走弯路，更有效地学习，同时培养了学生的团队精神。在不断优化知识建构过程中，学生与教师、学生与学生产生了更多的信任与协作，又促进了后面项目的推进，形成良性循环，时常创造意外的惊喜。

在实验室建设过程中，鼓励学生参与其中，人人都是参与者，人人都是设计者。在学习需求下，学生将宏观项目分为若干小的项目，分步、分组实施，通过交流合作完成诸如置物架的制作、工具墙装修、实验室装饰品、学校文宣小挂件等活动内容。并且项目的设计都是源自学生的创意。教师提供学习资料及学习方法指导的支持，从与学生一起动手、一起规划、一起打造，到逐渐放手，全权交与学生创作。

（2）开创了全新的 STEAM 学生培养模式与路径

学校通过调查问卷、师生访谈等方式，对学生人群定位进行了重新整合、重新梳理。

从三年级学生开始，对自由报名参加的学生进行数理能力、动手能力、美工技能测试，通过测试推荐学生参加不同的专项小组。比如数理逻辑能力强的孩子会集体参加编程小组，在编程小组进行 Python 语言的基础语法学习，学习期满，根据个人兴趣及表现，分流至信息学专项组与开源硬件小组。目前，主题实验室的专项小组有信息学、开源硬件、木工、无人机、3D 设计与打印、电脑绘画等。

图 2-13　STEAM 小组在进行实践活动

专项小组成立后并不是一成不变的，在实际项目的推动下，他们会打破小组界限，小组间通过互助学习共同提高，或者与其他小组成员组队完成新的项目。

项目内容紧跟教材内容以及学校丰富多彩的课外活动主题。初期由教师引导组队合作，后期放手让学生自发寻找项目组队，项目完成后进行项目产品的展示和实际应用。例如，REA 主题班队课的所有使用到的课件、小软件都会交与本班 STEAM 主题实验室成员学生来做，学校每年的诗词大会软件开发成为实验室编程高手们争相来做的项目，机房、教室多媒体简单的系统安装、维护都由本班实验室成员来负责等。

在 STEAM 实验室成长 2~3 年后，学生开始参与到 STEAM 主题实验室的各项工作中，包括纪律组织、知识整合、项目设计、组员分配以及新生培训等方面。这样就实现了梯队建设，实现了 STEAM 教学走向更宽广、更融合的道路。

（3）完善了 STEAM 课程体系

学校的课程开设，从开源硬件逐步拓展到 Python 游戏设计，再到游戏创作或者 C++ 语言基础，中间穿插着各种游戏绘制、游戏机制设计、应用软件制作的调剂，最后由信息学算法竞赛的思维高度，再回归机器人与人工智能的核心。

学校 STEAM 课程体系如下图所示：

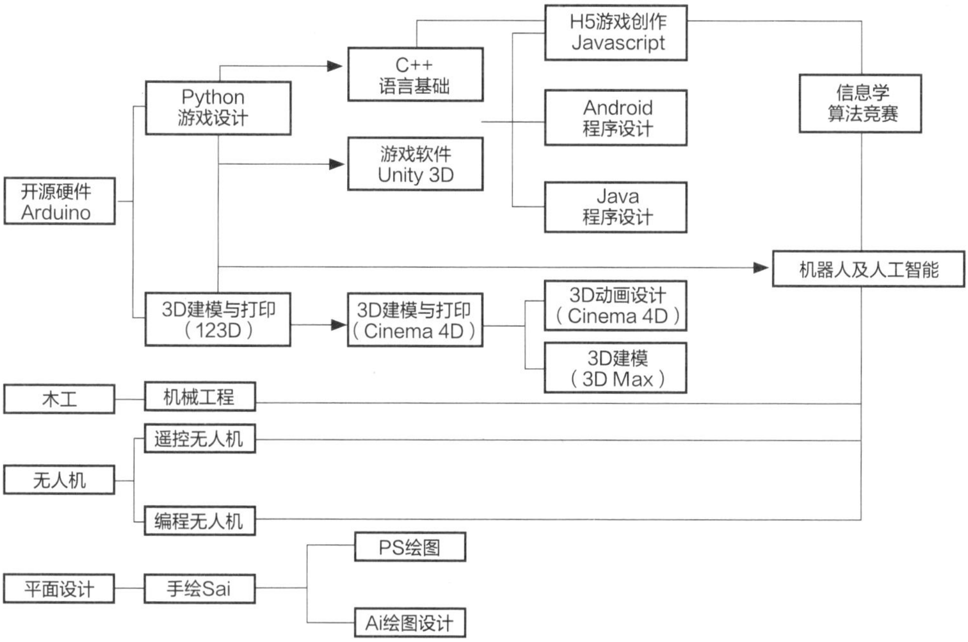

图 2-14　STEAM课程体系图示

（4）构建了一套适合推广的 STEAM 教学模式

学校 STEAM 教师从研究起始阶段到研究结束的整个过程是 STEAM 教学不断完善的过程。

起初阶段，小组的新成员还是一张白纸，学生学习的内容和需求都比较简单，以课程体系中的一项为特色建设 STEAM 主题实验室。当学生的知识储备到达一定程度或者一定高度时再逐渐进行拓展，有利于降低第一步投资预算和选择成本。

发展阶段，通过一段时间的学习，师生彼此发现学习的兴趣点，在教与学的过程中很容易产生共鸣。师生共同学习、共同成长，形成了具有学校特色的 STEAM 教学模式。在这一过程中，课程体系逐步健全，教师和学生不再畏惧新的知识内容，STEAM 教学课程内容也日趋融合化。学生能够逐渐参与到实验室的建设中，从装修设计到课程内容整合处处都有他们的身影，更重要的是，学生能够对项目建设提出自己的看法和观点。

稳定阶段，学生和教师团队逐渐成形，设备装配与场地搭建逐渐成形。教师专业化日趋完善，通过整理课程内容，提升知识高度，汇聚经验沉淀，最终形成学校的特色与亮点。在教学过程中，教师针对学生的不同特点做个性化发展指导，打造特色学生团队，实现阶梯式发展。教师与学生在共同成长过程中关系日益密切，彼此信任，互相帮助。

2.STEAM 教学理念与特色

（1）培养学生学会学习

掌握自主学习方法，增强自我学习能力，是茌平区第二实验小学 STEAM 主题实验室的宗旨之一。

由于 STEAM 教育包含面广，每个学生个体差异非常大，这对于 STEAM 教师提出了更高的要求。于是在教学过程中教师多数时间都采用分组差异化教学，因材施教，并且教师仅在高难度知识点对学生进行指导点拨。教学方式更加需要体现学生的主体地位，引导学生通过多种方式获取知识、解决问题。如：上网浏览专业技术论坛、观看网络教学视频，到图书馆、书店查阅书籍资料等。学生在不断自我充电的过程中，养成了专心致志，不断试错的研究和学习习惯，逐渐学会如何去学习，为学生的全面发展奠定良好的基础。

基于此，教师对于学生的学习环境持更加开放的态度。比如：学校的信息学团队都是由四、五年级老队员为三年级出题训练，并轮流上台讲授关键知识点；3D 团队的 C4D 高手很多，在每周的社团活动时，他们就是小组活动的"导师"。STEAM 小组的学术气氛越来越浓郁。

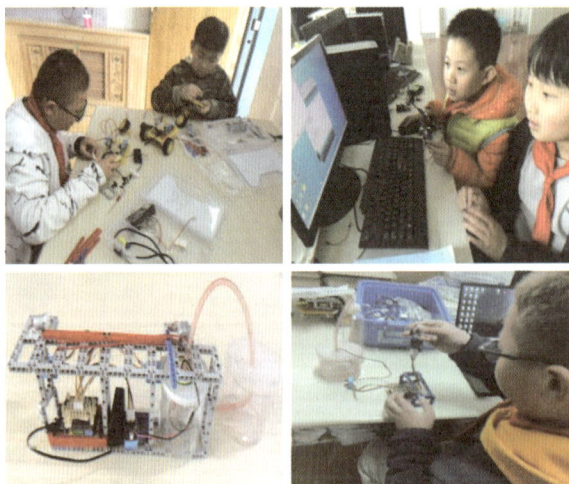

图 2-15　STEAM硬件编程实践

（2）锻造学生优秀品质

作为一名学生，仅有高超的技术能力是不够的，还必须有良好的心理素质和健全的人格。所以，学校教师团队非常重视学生的德育工作，把德育体现在细微之处。STEAM 主题实验室容纳了许多班级里的"问题学生"，他们在这里找到了自信，也找到了存在的价值，变得阳光开朗起来。为了进一步磨炼学生的意志力和韧性，对于难解的题或者项目，教师总是留出充分的时间让学生去碰壁，鼓励他们不要气馁。

（3）鼓励学生动手实践

多数小学的 STEAM 主题实验室多是购进昂贵的机器人半成品或者成品，用积木式图形化编程来指挥机器人完成任务。学校认为这样的实验室违背了其建设的初衷，所以学校拒绝使用积木式产品，而坚持使用最底层的产品指导学生开展活动。作品的外壳使用废旧材料、木棍、木板等原材料，基础原材料不能满足需求的时候，则采用 3D 设计并打印零部件，线路接头与焊接都是学生自主完成。这样的做法，更贴合实际工业设计与制造，为学生日后的学习和深造打下坚实的基础。

学校 STEAM 教育目的是将学生培养成为敢于创新、善于创造、精于学习的人才。学校用最低的投资、最底层的产品，让学生的创造不受产品束缚，不受传统观念束缚，努力将他们培养成真正能自我学习、终身学习的人才。

（4）提高学生编程能力

算法是人工智能、现代科技的灵魂。傻瓜式的游戏程序设计会让学生在接触到复杂的情况时，难以应对面向实际应用层面的问题。学校编程教学直接使用主流编程语言 Python、C++，后来逐步扩展到 Java、C# 等进行学习。学生在语言入门方面会有一些困难，但是入门之后的广阔发展空间，让他们逐步痴迷其中。目前，基于算法数据结构的信息学竞赛题，是学生日常最喜爱的学习、练习内容。学生的水平也是日益精进，从 Java、Python 等纯代码写的游戏到运用 Unity 引擎开发的 3D 游戏，从简单的应用软件到 Mysql 数据库程序开发，他们逐渐掌握了学习一门新的语言或者新的领域的学习方法，在整个学习过程中，教师更多的是担任引导者的角色。

（5）以竞赛促能力提升

传统的教学模式及授课方式虽然有效，但不容易最大限度地激发学习潜能。为了提高学生的学习兴趣，学校将竞赛与教学相结合，"以赛促学、以赛促练、以赛促教"贯穿于学生学习的全过程，形成"四年不断线"的实践教学模式。"课程竞赛 + 技能竞赛 + 创新竞赛"的实践教学过程，让学生乐学、想学，高效完成学习任务。同时，充分运用 OJ（在线提交系统）竞赛和教育部白名单赛事活动平台，学生的创新意识、创新能力不断增强，科学素养也有了大幅度的提高。

3.STEAM 教学中学生的德育发展

（1）培养学生永不放弃的精神

在任何领域，没有毅力都难以有所成就。为了磨炼学生的意志，学校鼓励学生自己探寻学习难题，要求"勤学不好问"。当学生遇到问题时，鼓励他们多花时间思考而不是马上问老师或问同学。在做实际项目时候，秉承"教师放手"的原则，教师仅仅提供所需书籍和资料，学习探究由学生独立完成。比如：五年级的李长健同学在编写诗词大会安卓程序时候，遇到无法连接 Mysql 数据库的问题，于是，他通过在网上查资料并不断尝试，历经两个月最终找到了原因，问题也得到了解决。在两个月的不断探索过程中，他的知识技能得到了提高，更重要的是，他的意志得到了磨炼，形成了不怕困难、认真钻研的学习品质。2020 年，李长健同学参加了山东省 CSP 比赛，获得了小学组一等奖的优异成绩。

（2）培养学生勇于担当的精神

由于中小学生还没有踏入社会，面对挫折他们往往手足无措。当自己遇到难题的时候，很多学生会选择放弃。于是，该校 STEAM 团队的教师平常会刻意训练学生不惧困难、勇于面对的精神。

2019 年，学校举办第二届诗词大会，由 4 名学生负责开发配套软件。但在大会前夜，学生们发现了程序中存在着重大 BUG！为了调试，教师陪同 4 名学生通宵修改程序代码。虽然尽力了，但是依然没有解决程序中存在的问题，诗词大会被迫取消。学生体会到了失败的滋味，但在教师的鼓励下，他们勇敢面对，勇敢地推翻之前的全部设计并重构代码，最终将程序的强大功能完美地展现在后续的诗词大会上。

（3）渗透互帮互助的团队精神

学校鼓励学生学会分享。在一门新知面前，人人都可能是学生，人人都可能是教师。学生在讲解的时候，教师也会认真做笔记。在这样的氛围内，学生很容易被带入自主学习的节奏，学习的主动性大大提高，养成了

图 2-16　编程课教学现场

善于学习、热爱学习的良好习惯。同时，团结互助体现在方方面面。比如：成子谦同

学比较内向，有交流障碍，大家都会主动跟他交流，鼓励他适应新的环境，外出比赛也会有暖心的同学主动陪伴他。

4.STEAM 教学成效

通过基于学科融创的 STEAM 主题实验室建设，茌平区第二实验小学在国家、省、市各种赛事中取得了骄人的成绩，赛事荣誉硕果累累，涌现出一大批优秀创新型学生，成为学校 STEAM 主题实验室建设的最大受益者。

其中，28 人荣获国家级奖励，132 人荣获省级奖励，85 人荣获市级奖励。比如：2022 年崔云琛同学荣获第五届全国青少年人工智能创新挑战赛全国金奖，李之丰同学荣获第十四届宋庆龄奖学金。特别值得一提的是，成子谦同学跨级别参加全国信息学联赛高中组比赛并获一等奖，成为山东省历史上首个获得该项目一等奖的小学生。

同时，茌平区第二实验小学因为在 STEAM 主题实验室建设方面的突出成绩，获得多项荣誉：2019 年入选中国教科院 STEM 教育研究中心"中国 STEM 教育 2029 行动计划"第二批领航学校，2019、2020 连续两年被 NOIP 授予"金牌学校"荣誉称号，2017—2021 年连续五年被山东电子学会授予"优秀组织奖"，2019—2022 年被全国中小学信息技术创新与实践大赛（NOC）组委会授予"优秀组织学校"的称号，2021 年、2022 年被中国少年儿童发展服务中心授予第四届全国青少年人工智能创新挑战赛"优秀参赛学校"称号等。

茌平区第二实验小学 STEAM 主题实验室的建设模式对于中小学具有非常高的推广价值和借鉴意义。学校通过 STEAM 教学润物无声地教授科学、技术、工程、艺术和数学方面的知识，融合各学科教学资源，开发扩展了学生学习的广度与深度，给予学生更广阔的创造空间。学生在锻炼综合解决问题的能力时，能及早地发现自己感兴趣的领域，以此激发学生的学习内驱力，激励学生自主选择、自主学习，促进学生综合素养的发展。

（七）以"学历案"改革为抓手，落实生本课堂实践理念
——记莘县东鲁中学

1. 改革背景

为落实立德树人根本任务，深化育人关键环节和重点领域改革，聚焦学科核心素养达成，建立以人为本、以核心素养为导向的新型的育人方式和培养模式，是新教学

的应有之义。然而，当下的课堂教学，依然存在"重结果、轻过程""重分数、轻素养"的问题，忽视与学生经验、社会生活的链接，更忽视意义与价值的习得，教书只"育分"不"育人"，课堂像"教堂"而不是"学堂"，教学凭"经验"而忽视"课程标准"，教学质量与

图 2-17 "学历案"改革培训会现场

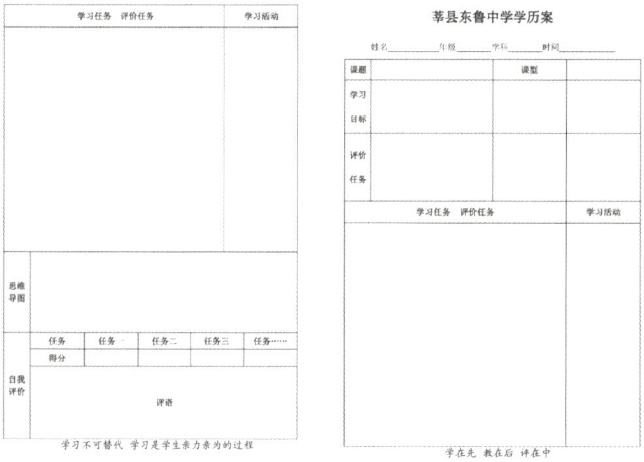

学生的学习力难以保证，更难以形成核心素养要求下的关键品格和关键能力。为此，东鲁中学推出以"学历案"为抓手的课堂改革，建构"教—学—评一体化"的深度学习生本课堂模式。

图 2-18 "学历案"模板

2. 改革目的

培养学科素养，形成关键能力、关键品格，让学习真正发生。

3. 概念界定

"学历案"是由教师设计的、用于规范或引导学生学习的文本，是通向目标达成的脚手架，记录着每一个学生学习过程的表现，因此是一种学习的认知地图，是可重复使用的学习档案，是师生、生生、师师互动的载体，也是学业质量监测的依据。

4. 构成要素及设计意图

"学历案"包括课标要求、学习目标、学习任务、评价任务、学习过程、分层作业、评价量表及学后反思七大环节。"学习任务"和"评价任务"两类任务。"学习任务"是为了达成目标而设计的一切教与学的活动；"评价任务"则是检测学生有没有达成某一目标或掌握到什么程度的检测项目。

5. 重难点

教师基于目标的达成设计学习任务；基于某一目标的检测设计评价任务；任务生活化、时代化、情景化，渗透学科融合，过程可测评、可视化。

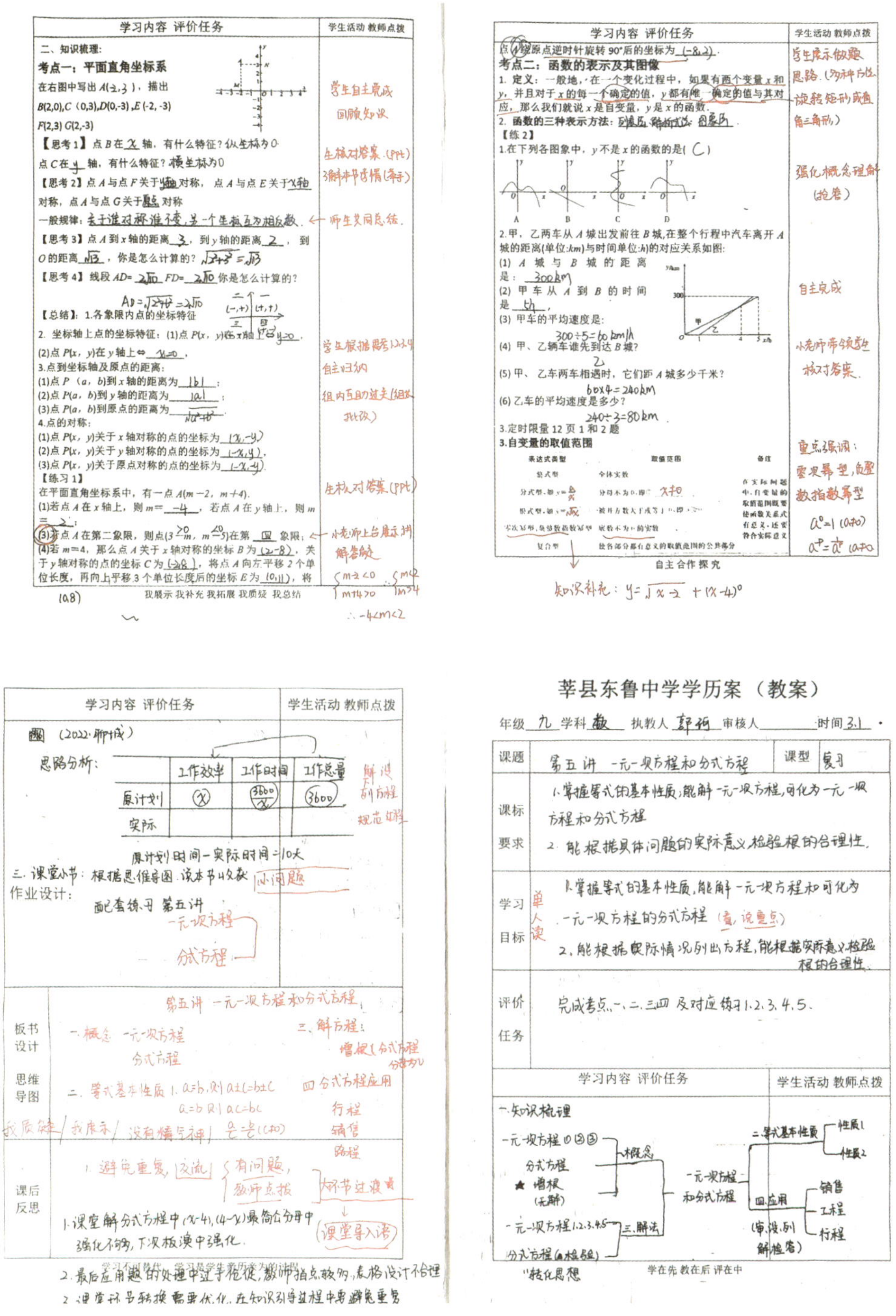

图 2-19 "学历案"示例

6.项目组织与操作步骤

要求教师基于学科核心素养，认真研究课程标准，精心设计学习目标和评价任务。从变革教与学的关系入手，构建新型的学习中心课堂。要求教师对上课的每一个环节都要以任务驱动的方式、精准设置、步步达标。

学习环节，以学科实践为抓手，学生充分进行自主学习、合作探究、展示分享和学后反思。教师以学定教，坚持以学生为中心的教学设计理念。

首先学期初教研组根据本学期内容制订整个学期的学习计划，根据学习计划初步确定每课时的主备人，然后每周集备根据具体学情随时改变教学计划或改变主备人，主备人需提前3天精心备课，制作好"学历案"，形成初案，经过学科组二次集备，对"学历案"进行修改形成共案，及时印刷出学生使用的"学历案"。

主备人备课原则：

（1）根据新课程标准和具体学情制定出适宜学生学习的学习目标，目标要包含谁来学、学什么、在什么条件下学、学到什么程度四要素。

（2）根据具体学习目标设计可测、可评的评价任务，在设计时要从"情景、知识点、学习任务"出发。

（3）根据学习目标制定学习过程，在学习过程中注意以学生学为主，采用"师留白，生留痕"的策略，让学生在学习任务中获取知识，在学习活动中总结知识，在评价任务中确定学的程度。同时主备人还要确定每个学习任务和评价任务中学生的具体学习方法和活动，确保每个环节的实施都是学生在主动学习。

7. 学生如何获取知识

所谓"学历案"，顾名思义，是关于学生学习经历或过程的方案。从学习目标开始，学生带着本节课的学习目标进入本节的学习，学生根据教师设计的学习任务，首先进行自主学习或合作学习，其次根据学习情况学生提出学习中出现的问题或者组内交流分享学习成果，最后师生共同提炼总结提升。评价任务是一堂课的主问题，是课堂的主干。学习任务是为了完成主问题设计的小问题，是给学生完成主问题搭建的梯子。好的评价任务是课堂教学的阶段性目标，更是让学生快速进入学习活动的驱动器，是考验教师教学能力的关键环节。

在这个过程中，凡是学生能自己学会的内容，教师可以不教，当学生有困难时，教师起到引导点拨的作用。

学生通过"学历案"上的留白或练习，留下真实的学习痕迹，学习体现的是学生提取知识进行信息自我转化的过程。

8. 体现知识的交叉与融合

《中国高考指南 2023》指出未来高考命题的方向："无价值，不入题；无思维，不命题；无情境，不成题。"《义务教育语文课程标准（2022 版）》中"情境"二字高频出现，含有"情境"二字的表述多达 40 多处。情境化教学是未来教学的方向，也是知识交叉和融合的抓手。

情境化教学可以体现在学习活动中，如在《安塞腰鼓》的学习活动中插入一段腰鼓表演，既能够帮助学生感受安塞腰鼓的气势磅礴，也体现了语文和音乐学科的交叉与融合。

再如在《狼》这篇课文的教学中，可以设计这样的评价任务：未来的你是一个漫画作家，你要根据《狼》的故事情节创作一组漫画，你会怎样设计呢？体现了语文与美术的交叉与融合。

在"学历案"设计的过程中，更体现了新旧知识的交叉。根据本校具体情况在"学历案"的设计中添加课前板演环节，课前板演设计主要是以本节学习内容相关，在新授课时可以设计与本节知识有关系的旧知识的复习，为学生探究新知识扫清障碍，在复习课时可以练习本节复习知识的基础知识，提高复习效率。在学习过程中需要旧知时也可以随时设计思考留白或旧知回顾，让学生回顾与本节知识相关的旧知识，帮助学生进行自主学习。

附："非遗文化"在道德与法治学科中跨学科融合的做法

1. 分析"非遗文化"和道德与法治进行学科融合的意义

第一，我国在保护非物质文化遗产工作方面已初步建立较为完备的非物质文化遗产保护制度。通过跨学科融合，可以让学生对非物质文化遗产保护制度和体系有更加全面的了解，提高学生对非遗文化保护工作的理解和认同，并进一步让学生积极参与到非遗文化保护的活动中，为中华优秀传统文化传递薪火。

第二，非物质文化遗产保护包含很多与民族文化和道德素质有关的教育内容。通过在初中道德与法治课堂教学中融入非物质文化遗产内容，激发学生的爱国主义情感，健全学生的人格，不断促进学生自我修养素质的提高。

2. 关于非物质文化遗产和道德与法治课堂相融合的落实

跨学科课程不是简单的"跨"，课程要搭建多个学科的情境，以驱动问题为指导，要让学生在解决真实问题的过程中学会综合运用不同知识和技能。

（1）教学时，用与教学内容密切联系的非遗文化的图片、实物、多媒体等视听材料，引导学生观赏和思考，不仅能开阔学生视野、拓展学习空间，还可以为学生的自主学习和发展提供有效的支撑。

比如：在讲到"民族区域自治制度"时，可以向学生介绍少数民族的风俗习惯，在潜移默化中帮助学生了解不同地区的民族风情和道德理念，鼓励学生结合初中道德与法治课堂教学内容，对相关习俗和民间知识进行分析，进而使学生在轻松愉快的教学氛围下学习，增强对非物质文化遗产内容的了解，在弘扬和分析非物质文化遗产传统美德中学会做人的道理，不断规范自身的道德行为和素质理念，从而最大化地促进学生全面发展。

（2）采用"学历案"和多媒体相结合教学方式

在非物质文化遗产和初中道德与法治教学结合的过程中，可以采用多元化的教学方式来激发学生的学习兴趣，提高学生对非物质文化遗产保护与弘扬的积极性和主动性。同时，对教材内容中与中华优秀传统文化和非物质文化遗产有关的教学内容进行挖掘，不断培养学生正确的爱国主义精神和素养。例如在教授"坚持文化自信"相关教学内容时，教师可以结合学生的学习需求，先利用多媒体为学生播放央视拍摄的纪录片中经典的中国世界非物质文化遗产等内容的视频或图片，生动真实的材料会吸引学生学习的注意力，从而使学生意识到非物质文化遗产为祖国的发展和强大提供有效的精神动力。随着国家的不断发展，越来越多的非物质文化遗产逐渐成为世界非物质文化遗产，进而增强学生的爱国主义精神，增强学生对中华优秀传统文化的认识度，学生在学习和观看视频的过程中，真正吸取其思想精华和道德精髓，最大化提高学生道德与法治内容的学习效率。

教师备课时还应充分发掘非遗文化相关资源和学生道德与法治学习过程，以时下京剧文化和九年级上册第5课第1框"延续文化血脉"为例。

课题	第 5 课第 1 框 延续文化血脉	课型	新授
课标要求	政治认同：提高中华文化认同感、归属感、民族自豪感，坚定文化自信。 责任意识：坚定文化自信；自觉弘扬社会主义先进文化，自觉践行中华传统美德。 道德修养：感受中华文化的魅力，热爱中华文化，体会中华传统美德的力量；树立自觉传承中华优秀文化的积极态度。		
学习目标	1. 通过独立完成材料一思考题了解中华文化内容及特点； 2. 通过小组合作完成材料二，理解中华优秀传统文化的价值和作用； 3. 通过材料三懂得文化自信的内涵和重要意义； 4. 结合材料四的故事认识中华传统美德是中华文化的精髓，懂得美德的力量在于践行。		
评价任务	1. 通过独立完成材料一的思考题，指向目标 1； 2. 通过小组合作完成材料二，指向目标 2； 3. 通过同伴探讨材料三思考题，指向目标 3； 4. 结合材料四的故事感受美德的力量在于践行，指向目标 4。		

学习任务　评价任务	学习活动
学习指引 探究一：赏文化之美 材料一：京剧表演片段（多媒体视频） 思考：1. 视频中的京剧给你带来什么感受？ 2. 七嘴八舌话"京剧"：说说你了解哪些京剧知识？（关键词：京剧的形成与传播、表现手法、行当分类、唱腔分类、京剧脸谱等。） 材料二：莘县街头的京剧表演 传统京剧《苏三起解》片段（苏三离了洪洞县）； 现代京剧《红灯记》片段（都有一颗红亮的心）； 京歌《梨花颂》片段 思考：结合同学们刚才谈到的自己了解的京剧知识，以及精彩的表演，谈谈为什么京剧等传统文化能够传承至今？（关键词：京剧文化与时代的契合、传统文化的传承与创新等） 探究二：立文化自信	通过视频感受中华文化的魅力和美 独立思考后小组合作探讨

续表

学习任务　评价任务	学习活动
材料三：小辩论京剧是否值得保护与传承？ 有人说，京剧与现代审美相去甚远，在现代生活中没有实用价值，没有必要进行保护和传承。你认同这种说法吗？ （关键词：京剧的历史价值、文化价值、美学价值等） 材料四：中华文化的发扬——坚定文化自信 "青砖伴瓦漆，白马踏青泥……" 4位演员身着不同时期的复原汉服，为大家带来京剧、粤剧、吴语等各种风格的《声声慢》，更有外国友人用英语倾情演唱。通过一曲婉转悠扬的《声声慢》向大众展示中国传统文化之美。 （多媒体配乐《声声慢》） 思考：1. 京剧等中华传统文化越来越多地走向世界，你如何看待这一现象？（关键词：京剧的魅力、国际影响力等） 2. 日益密切的国际文化交流为我们的成长提供了怎样的时代机遇？我们肩负着怎样的文化使命？（关键词：坚守、传承、传播） 课堂练习： 1. 先秦诸子、汉唐气象、宋明风韵……五千年文脉涵养了泱泱中华。这说明中华文化（　　） 　　A. 一脉相承　亘古不变 　　B. 一花独放　天下独尊 　　C. 博大精深　源远流长 　　D. 中西合璧　不分彼此 2. 文运与国运相牵，文脉同国脉相连。流淌过五千年历史长河，进入新千年的第二个十年，中华文化屹立世界潮头，担负起凝聚民族复兴之魂的历史重任。对此，下列观点不正确的是（　　） 　　A. 中华文化源远流长、博大精深，是中华民族的"根" 　　B. 只有抵制外来文化才能保护好民族传统文化 　　C. 中华文化是全国各族人民共同创造的 　　D. 中华优秀传统文化代表着中华民族独特的精神标识	通过视频感受中华文化的魅力和美 独立思考后小组合作探讨

9. 优点

课堂上，摁住了学生的手，用好了学生的脑，学生的主体地位得到了真正落实，学生的学业成绩有了明显提升。

同时，围绕学习质量的提升还积极开展课前板演、语文"五个一"、英语"六个一"、学后改错等活动，课堂上学生自学、对学、展示，都极大地提升了学生的学习热情。

（八）劳以增智　融以创美

——记东昌府区新城小学

2020 年，中共中央国务院发布了《关于全面加强新时代大中小学劳动教育的意见》，明确提出"把劳动教育纳入人才培养全过程""除劳动教育必修课程外，其他课程结合学科、专业特点，有机融入劳动教育内容"。因此，探索劳动教育有效融入各学科教学的途径，以"劳"树德、以"劳"增智、以"劳"强体、以"劳"育美，是实现当代教育内涵式发展的必然要求，也是教育落实立德树人根本任务的应有之义。

2022 年版义务教育课程标准指出，"学生在学习、实践过程中逐步形成的适应个人终身发展和社会发展需要的正确价值观、必备品格和关键能力"是各学科教学中要共同培养的核心素养。

聊城市东昌府区新城小学是一所典型的城乡接合部学校，自 2020 年起充分利用学校资源先后建立了劳动实践基地——种植区和养殖区，两年来，劳动教育逐渐形成体系。劳动课程育人价值的集中体现，主要包括劳动观念、劳动能力、劳动习惯、劳动品质和劳动精神。学校结合各学科教材，将劳动教育与学科课程进行了紧密有机的融合，尤其是在科学课堂教学上做了一些有意义的尝试，有效地发挥了学科融创的育人功能。

1. 注重劳动教育与科学学科融创，发挥课程主渠道功能

（1）劳动课程和科学课程协同发展，实现劳动教育与生命价值观教育融合创造

劳动教育是学生进行体力劳动、知识实践、能力培养和素养提升的生命认知进阶过程，培育良好的劳动素养既是科学课程的学科优势，又是科学课程应承担的学科责任。

① 借助生命资源，培养学生生命认同感。

结合小学科学教学特点，让学生参加一定的劳动实践，探索有关生命的知识，领悟人生智慧，学会珍爱生命……通过学习认识、种植农作物、花草树木、饲养动物等一系列的生命科学教育活动，让学生感受生命成长的艰难挫折和绚丽多彩，唤醒学生的生命意识、启迪学生的生命智慧，从而懂得尊重生命、敬畏生命、尊重自然规律，

达到能够和自然、自己、他人和谐共处的目的。

图 2-20　学生参观校内植物

四年级科学教师带领学生走进校园，观察校园内的植物，了解不同环境下植物生长的特点。从而总结出植物外部形态具有不同的特点，而这些特点有利于植物的生长。

图 2-21　学生绘制的海报

家乡的植物有哪些？四年级学生在学习第 15 课《调查家乡植物》时，走出校园、走进社区进行实地考察，调查了解植物的名称、与当地人民生活的关系，并做介绍家乡植物资源的手抄报，以此培养学生的探究精神，进而提升热爱家乡的情感。

② 通过科学家的先进事迹，培养学生的劳动精神。

虽然劳动教育不是科学这门课程要重点表达的内容，但它提供了极好的劳动教育契机。学校充分利用科学课程，进行良好的劳动教育渗透设计，以引起学生对劳动的兴趣，激起劳动的热情，培养自觉主动的劳动意识。通过向学生讲述科学家的艰苦奋斗事迹，让学生认识到科学研究工作的艰辛，从而培养学生吃苦耐劳、砥砺前进的劳动精神、工匠精神，最终让学生形成尊重劳动、热爱劳动的价值观。

图 2-22　课堂教学现场

科学教师在讲授三年级下册《走进工程师》一课时，让学生了解"中国天眼之父"南仁东的故事，学习他"奋勇攀登，矢志不渝"的精神。

从科学的角度总结凝练劳动的价值与意义，遵循小学生的成长规律和不同年级科学课内容，深入挖掘科学课程中的劳动教育元素，实现劳动教育课程与科学课程同向同行。

（2）沉浸式科学实践活动，实现劳动实践与科学探索融合创造

课堂教学的局限性、学生个体的差异性、科学课程所具有的综合性和实践性的课程性质，决定了科学课程教学要丰富拓展课外的教学内容和渠道。学校立足自身特色，充分利用校内的"幸福田园"和"萌宠乐园"，统筹做好科学素养提升和劳动教育融入，不贪大，坚持以过程体验为导向，着眼于科学素养和劳动精神体悟与培养，以此创设沉浸式的教育场景。

① 借助教学设计进行知识融创。

教学设计是劳动教育活动的实施规划图。因此，我们先从教学设计入手，站在教

学设计的角度积极审视劳动教育与科学课程的科学融创之道，有效提升课堂活动的针对性、关联性和兼容性。

以劳动工具铁锹为例，铁锹是一种简简单单的日常生活用品，是劳动时常用的工具之一，我们不仅要引导学生科学掌握铁锹的使用方法、发力技巧、注意事项等，还要从科学的角度去看待和分析铁锹的工作原理。这样在进行劳动时才能省时省力。

图 2-23 学习铁锹的使用方法

铁锹是一种两手协作使用的工具，在使用中前手用力较大，且是向上用力；后手用力较小，且是向下轻按。因此，双手在使用铁锹的过程中能够构建出一个"杠杆结构图"。为了让学生掌握使用要领，教师引领学生观察和体验铁锹的工作过程，学会使用铁锹。

②借助教学活动进行细节融创。

教学活动是课堂教学的重要组成板块，劳动教育与科学课程的融创必然要借助教学活动这个具体实践环节去实现。因此，在教学活动过程中我们要注意引领学生在劳动活动中积极探究其中隐含的科学知识、自然规律和客观真理，在确保劳动教育的趣味性和实操性的同时增强劳动教育的知识性、探究性和整合性，切实促进劳动教育与科学课程知识的科学融创，在劳动教育的细微之处做文章。

图 2-24 学习种植辣椒苗

谷雨前后，种瓜得瓜，种豆得豆。《种辣椒》一课，教师带领学生走进实践基地，将辣椒苗栽种在地里，学生对辣椒的生长过程进行了记录，并做了一份辣椒生长档案。

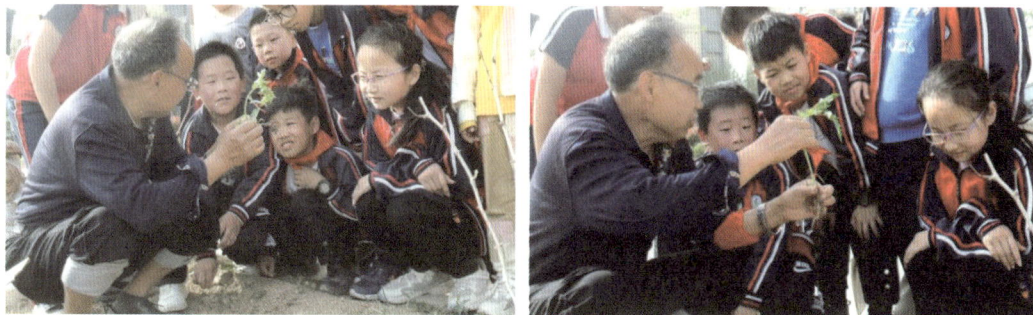

图 2-25　老师示例辣椒苗的种植方法

植物的"身体"是怎样的？三年级上册我们学习了《植物的"身体"》一课。正值栽种番茄苗，王老师请学生观察番茄苗由哪几部分组成？带领学生回顾已学知识，再次认识番茄苗"身体"结构，由此得出结论：不同的植物，"身体"结构是不同的。

在劳动实践教学过程中，教师组织学生以问题为驱动，走进实践基地进行教学活动。教学时，教师注意引导学生进行交流，激起学生探究的欲望，触发学生劳动的热情，让学生跟着教师学习一些简单的、力所能及的劳动技能，了解劳动的方法、过程，感受劳动的辛苦和乐趣，使他们亲历在课堂中没办法实现的学习过程，既让他们学会一些基本的劳动技能、形成正确的劳动观念，又提升了自身的劳动素养。

③ 借助教学过程实现全面融创。

教学过程是劳动教育与科学课程进行科学融创的核心区域。我们以课程融合理念为指导，科学创设二者融创的有效途径，积极创设关联性、融合性和兼容性较强的劳动教育课堂，让课程融合活动分布在课堂教学过程之中，切实实现劳动教育与科学课程的科学融创。

图 2-26　学生观察小动物

以三年级上册第一单元"动物与环境"为例,因科学课本中的动物触摸不到,为了让学生便于观察动物的外貌特征,我们带领学生走进"萌宠乐园",引导学生观察动物四肢、皮肤、翅膀等部位,学生在切身参与的过程中仔细观察、积极记录、自然能够将所学知识活学活用。

图 2-27 学生进行"保温技术"对比实验

五年级上册科学"保温技术"让学生了解了保温技术在生产、生活中的应用,为了让学生了解塑料薄膜的保温原理。在种植大蒜时,教师与学生做了一个实验:在两块地里种完大蒜后,一块覆盖薄膜,一块不盖薄膜。

图 2-28 对比实验结果展示

通过对比实验(左图是覆盖薄膜的大蒜,右图是没有覆盖薄膜的大蒜),学生了解到给大蒜覆盖薄膜,不仅可以防止肥料的流失,给大蒜更好的生长环境,还能增加土壤的温度，使大蒜安全度过冬天。

沉浸式劳动教育实践与科学探索相结合的课堂，需要学生将劳动过程与科学课程内的相关知识进行有效的整合和实践运用。科学课程的大量知识来源于现实生活，在劳动教育过程中将科学课程内的知识进行精准渗透，让学生在主体劳动中进行科学知识的实践、体悟，可促进学生内在思想、观点、体验与外在行为、动作、活动相互转化，使劳动教育更高效，使科学课堂更充盈。

（3）校园文化建设，实现农耕文化与自然科学融创结合

校园文化是学校师生精神风貌、思维方式、价值取向和行为规范的综合体现。学校开展劳动教育，更善于利用校园文化互动性强、渗透性深、辐射面广、影响力大等属性，紧扣以二十四节气为内核的校园文化建设，通过开展节气科学探究活动，引导学生发现随着天气的变化，动、植物的具体表现、变化等。

二十四节气与自然界的物候现象密切相关，是千年流传下来的自然科学，贴近生活，能够提升孩子的观察能力；学校以《跟着节气去种植》为校本课程，带领学生了解"看天劳作"的农耕文化。因此，科学与劳动两者的融合，可以锻炼学生理解事物因果关系的逻辑思维能力，对学生的科学观察探究农事劳作有着重要的启蒙作用。

从第一个节气立春开始，我们会让学生自行开展科学调查活动，以"物候现象、气象特点、测量太阳高度"为科学主题，进而观察植物的生长，以此掌握节气前后农作物的种植及生长。

图 2-29　学生参观科普展板

学校将阐述自然之道的二十四节气引入校园，充分展现蕴含的物候现象。学生通过探究活动，更加了解节气知识，更多地关注自然、敬畏自然。

图 2-30　课堂教学现场

课堂上，我们一起观看节气视频，认识天气变化。

图 2-31　学生实地观察小麦长势

小满节气，学生走进小麦地，一起观察小麦的生长状况。学生发现小麦已经逐渐饱满，即将进入收获的时期。

（4）建设专业化的科学、劳动教育教师队伍，实现教师成长与学生全面发展融创结合

学校高度重视科学、劳动教育教师队伍的培养，通过课题立项、课程设置等方式形成政策导向，引导科学教师立足本专业优势开展劳动教育教学研究，建设专业化的劳动教育课程科学教师队伍。将科学教师的能力提升与劳动教育课程科学内涵发展需求相结合，推进学校劳动教育课程科学化走深走远，促进劳动教育主体理论与实践互融互通，引领教育客体价值观不断发展升华。

教师不仅是劳动教育的承载者、实施者和完善者，还是科学课程的研究者、设计者和提升者，更是劳动教育与科学课程科学融合、相得益彰的探究者、优化者和推广者。

在此过程中，学校劳动教育与科学课程的有效融合逐渐得到教师的普遍关注和积极践行，劳动教育的课堂教学局面也因此焕然一新，学生的认知状态和认知方式也发生了非常大的改变。

图 2-32 参观学生的小菜园

2. 深度挖掘劳动教育与其他学科教学的融创路径，促进学生核心素养的形成

学校劳动教育除了与科学学科进行了深入融合外，还与道德与法治、语文、体育、艺术等学科融合，打破学科边界，培养学生核心素养，整体推进学校教育全面发展。

和道德与法治学科的融合，帮助学生树立了正确的人生观、价值观，为德育教育奠定了坚实的基础；与语文学科的融合，有效提升了学生的口语表达能力以及写作能力，学生认识到劳动的重要意义；与体育学科的融合，提高了学生的体能，为学生锻炼强健的体魄提供了条件；与艺术教育的融合，让学生感受到劳动创造了美，培养了学生用眼睛发现美、用心灵感受美、用工具描绘美的能力。

图 2-33 学生写生与写作

劳动教育与各学科间的融合创造，对教育发展有着积极有效的促进作用，劳动教育与学科教育融创结合不仅意义深远，也是新时期教育的必经之路，因此，学校将继续积极探究劳动教育与各学科的科学融合途径，切实为提高学生的核心素养和全面发展创设一个多元性、兼容性和体系性的科学发展阶梯。我们将在劳动实践与学科教学相结合的教学方法的运用中，进行更为深入的研究、探讨，不断完善，更好地应用于教学实践，使之能够发挥更大的作用。

三、融创教学大家谈

农村的孩子也有顺应社会发展的要求，我自筹资金买了 4 套 Microbit 开发板。在教学过程中我没有拘泥于教材，更多地让 Microbit 创客成为搭建信息科技德育桥梁，落实立德树人的根本任务。

如在 Mircobit 汉字创意中，我引导学生拼出传统节日：中秋、元旦以及与国家重大节日"七一""八一"等相关的内容，并让学生讲解分享。学生在展示的过程中无形中增强了民族自豪感，所有学生都深受感染。

——东昌府区张炉集中学 张茂文

立足学科教学，多个学科知识与方法的整合应用。例如在学习电子表格时兼顾艺术、地理与数学等学科，让学生在数据的海洋中顺其自然地掌握中国河流山川的长度、高度等知识，展示数据时对表格进行美化（颜色、线条、图形等），陶冶了情操，增强了爱国主义精神。演示文稿中插入一些物理实验、化学实验等，让学生对所学知识点有了形象感知，顺利完成教学目标。与物理教师结合用 Flash 将冲量实验及抛物线运动等设计成几款卡通小动画，虽然简单（如愤怒的小鸟、"神五"飞天及紧急刹车等），但学生学习兴趣浓厚，感染力强，对该知识点掌握较好，起到了良好的辅助作用。

——聊城市颐中外国语学校 谭继勇

在讲第一册第 10 课《网络文化与网络道德》时，我用《郑和下西洋》的视频导课，让学生了解当时文化传播方式的同时，直观感受我国古代的强盛，增强学生的民族自豪感。在讲青少年上网问题时，提到了"过犹不及"，并告诉学生，这个成语出自《论语·先进》，其实在很早古人就已经告诉我们做事情要把握好度的问题。我将中国的传统经典《礼记·少仪》融入课堂，告诉学生"不窥密，不旁狎，不道旧故"是中华民族的传统美德，以此作为知识拓展和情感提升，并让学生规范自己的行为，提升道德修养。

——聊城六中　赵娟

即使是你一个人使用 3D 设计制作出一个作品，那你也不是孤立的。面对自己亲手完成的杯子，你可能会感到很自豪、很满足。如果你拿到美术老师那里，他会给你稍加修饰、调整颜色、添加小图案等，让你的作品锦上添花，成为一件可收藏的艺术品。

我们学习的知识不是孤立的，而是相互联系的，我们的 STEAM 活动也不是孤立的、单一的，它是一个整体，参与活动的所有人同属一个团队，团队中需要团队精神、合作意识和积极参与的精神，慢慢地，在活动中就提高了个人的综合素养。

——度假区李海务中学　裴雪莲

在教授"循环语句"这一节时，先给出一个数学问题"百钱买百鸡"，让学生用数学方程式列出题目中的数量关系，试着用数学知识去解决这个问题。经过运算，有非常多的答案。怎样能快速准确地得出答案呢？这时我们来认识一下 Python 中的 for 循环语句，用计算机程序来解决这个问题。先制定解决的方法与步骤，再用 Python 来编写程序，最后测试与调试程序。整个过程学生的数学思维、计算思维都得到了锻炼。

在设计第五册《遮罩动画初练成》这一节课的导入时，先给学生展示一段关于《大闹天宫》的皮影戏。《大闹天宫》是学生都爱看的《西游记》的一个片段，学生对这种视频类的导入都非常感兴趣。用这种方式进行导入不仅激发了学生的求知欲，而且给学生普及了皮影戏这种中国民间传统艺术。学生对于遮罩动画有了生动形象的认识，在 Flash 动画界面上也可以很好地进行展现。

这节课涉及艺术、音乐的融合。在融合的过程中不仅需要找到《大闹天宫》的皮影戏视频，还需要找到皮影戏表演幕后的图片或视频，便于学生更好地理解遮罩层的原理。

——聊城市水城慧德学校 宫文涛

《石灰吟》，相传是明代政治家于谦的一首托物言志诗，以表达作者为国尽忠、不怕牺牲的意愿和坚守高尚情操的决心。作者所托之物是什么？无疑是石灰。可石灰的"清白"并非自然显现，而是经过剧烈的变化之后才展示出来的。

"千锤万凿出深山"的石灰石并不白，因为除了 $CaCO_3$ 之外，还含有一些有色杂质。经过烈火焚烧得到的生石灰（主要是 CaO）也不算白，因为原来混在石灰石中的杂质还有不少留在生石灰中。真正显示其"清白"是在彻底"粉身碎骨"之后，也就是生石灰经过水洗变成了熟石灰〔主要是 $Ca(OH)_2$〕，各种有色杂质都被隔离在滤槽里，然后将这石灰刷在墙面上，你会发现墙面一天天见白，最终真的是洁白如雪。而这一过程正是熟石灰中的 $Ca(OH)_2$ 与空气中的 CO_2 作用使 $CaCO_3$ 重获新生的过程！

——开发区实验学校 郭晓霞

在"桥梁结构探究与设计"这一活动中，旨在让学生在经过探索研究，结合地理、美术、建筑要素后总结桥梁的相对结构、桥梁的分类以及特点和性能，最终能够设计出自己心目中的桥。让学生团队合作，探究桥梁的分类及结构特点，通过探究利用 3D 软件自主设计一座桥，在激发学生的创新意识、团队合作精神的同时，增强美学素养与民族自豪感。

——文轩教育集团昌润路校区 周新华

跨学科学习的根本目的不是让学生有机会习得两门或两门以上学科的知识，而是驱动学生综合运用两门或两门以上的学科知识来解决实际问题。例如微视频制作。学生要先确定好主题，然后进行脚本设计、文案编写，再组织各个角色分脚本进行拍摄，拍摄时运用近景、远景镜头获取素材资源，后期进行视频剪辑制作，最终完成作品。在这个过程中，学生要综合运用文学、艺术、技术等多学科知识，表达出自己的设计意图。

——水城中学　王岩

我校基于问题解决的信息技术跨学科教学后续研究主要在以下三个方面：①采取分科与综合并行的课程管理形态：本研究采取与分科学习并行存在的课程管理形态和学习方式，这有助于克服跨学科综合学习面临的各种问题。②以问题为先导组织多学科联动的综合学习活动。问题的主题来源于学生身边的日常生活和现实社会问题，这样的课程内容有利于多学科联动的综合学习。不同学科的一线教师以课程设计者和实施者的双重身份参与校本课程开发，以解决课程设计与多学科联动的综合学习相脱节问题。③师生共同开发多学科联动的综合学习主题。师生共同开发可以将学生的直接经验提升为科学理念，避免单纯的经验导致学习缺乏系统性，同时能充分满足学生的需要、兴趣，使之真正成为学习主体。

在跨学科课堂教学方面，小组讨论合作学习是一个不错的教学形式，小组内不同学生个体在讨论过程中容易激发出智慧的火花，霎那间的灵感往往有助于问题的解决。另外，具有不同学科倾向性的学生在讨论中便于发挥各自优势，形成科目上的优势互补，这在一定程度上也有利于问题的解决。所以小组讨论合作学习是跨学科教学的重要教学模式。

——莘县燕店镇中心初级中学　诸丁华

学科融合教学中遇到的问题主要有：

长期以来，受分科课程教学模式的影响，不同学科课程教学方式、学科思维相对独立，教师习惯于用固定的学科教学思维方式组织实施教学活动，学生接触的教学方法、学习方式比较单一，从而使得不同学科课程的知识内容、学科思维、课程资源不能形成有效的互融互通，跨学科融合的教学观念没有真正确立。

一些教师在所谓的跨学科融合教学中，课堂更多地呈现出来的只是不同学科知识的随意堆砌、简单拼凑和"暴力"叠加，是为"跨"而"跨"的生搬硬套式的机械融合。

当下的一些跨学科融合教学课堂并不是以真实情境下的问题解决为目的，跨学科的知识习得与解决现实问题之间脱节，这就导致学生的创新素质和实践能力不能得到有效培养，知识学习为个人成长和社会发展服务的功能也就难以真正发挥。

——莘县东鲁中学 李盟

美术学科与信息科技的融合。现代社会科学技术的高速发展，人们称为信息时代、多媒体时代，而信息科技教学作为课堂教学中一种崭新的教学模式的出现，使美术教学的效果大为改观。学生身在课堂，就能打破时间、空间、地域的界限，驰骋中外，跨越古今，在绘画长廊漫步，在想象空间飞翔，审美教育寓于潜移默化之中。

我校在美术剪纸的教学上尤为突出，学生的优秀作品遍布美术教室的墙壁上，在走廊和楼梯拐角都有展示。内容丰富，包罗万千，有动物、植物、人物、风景、建筑。既有古代的嫦娥奔月，也有现代的载人航天登月；有江北水城的标志性建筑光岳楼，还有名人画像；等等。这些都是通过网络搜索素材，再进行个人创作，整个创作过程充满了思维碰撞及小组探讨，每部作品都反映出学生的审美风格及个人特点。

——聊城七中信息科技学科组

我们物理学习《欧姆定律》这节课时，教师就采用了数学和物理相结合的方式。在数学和物理学的整个发展历程中，两者总是紧密交织、相互促进的。然而由于现代课程的分科体系，导致物理与数学课程及其教学相互分离、彼此孤立。可以说，离开了数学方法，就不会有真正意义的物理学。物理的本质是对物质的运动规律的概括，研究对象是具体事物的质的规定性，而数学的研究对象是事物的量。为了从事定性研究，我们必须辅以定量的分析。如果我们能在常规教学之上，使学科逐步实现融合渗透，会更好地促进学生的知识整合，使学生达到全面均衡的发展。实际上，跨学科课程整合确实是当今关于组织课程内容和课程设计理论研究的新趋势。

初中物理知识的学习运用到初中数学知识的有7处，分别是实数、代数式、整式、分式运算、解一元方程、函数、相似。最后结合当下学情、考情，确定课题为"欧姆定律与数学一次函数反比例函数的结合"。传统角度得到I-U图像之后，图像呈现出I随U增大而增大，并且是一条过原点的直线，所以总结得到"电阻一定，电流与电压成正比"的结论。但是我们不能忽略数学知识在物理情境中迁移困难这个事实。数学知识在物理情境中的迁移需要经过四个阶段：首先理解物理实质，存入学习记忆中；其次提取数学知识；再次与物理实质建立联系；最后解释物理关系、解决物理问题。所以我们有必要在解决物理图像之前重新梳理已学过的一次函数。

欧姆定律和函数的结合，重点强调斜率的问题。斜率在数学函数图像中的体现（斜率大则陡），斜率在数学函数图像中的表达式，然后直接迁移物理图像，从而理解I-U图像斜率表示的就是电阻的倒数，U-I图像的斜率表示电阻，更加清晰地掌握I-U图像中电阻大小的判断和计算。不仅如此，掌握斜率这种方法之后，对之前学习的路程时间图像、质量密度图像、重力质量图像、温度加热时间图像，都会有一个更深层次的理解。

——莘县朝城镇中心初级中学 袁保华

学科的划分是人为的，我们碰到的现实问题通常会涉及多学科，单一学科的学习往往不能解决实质性问题，所以打破学科之间的壁垒势在必行。我们要搭建好学科融合的平台，各学科在发挥自己优势的基础上又兼顾彼此、相互借鉴、有效合作，让学生在一次活动中同时学到多门学科技能，这样的体验与历练无疑是他们成长道路上的一份宝贵的财富。对于学科教师而言，也要树立融合的观念，要具备大局观念、整体观念，把相关教育理论融合于实践，让师生在体验中获得崭新的认识。只要我们不断探索，跨学科教学将取得更大的进展和突破。

——莘县古云镇中心初级中学 陈希光

对于跨学科教学来说，信息技术往往只是在"打辅助"，只是为其他学科的教学提供帮助，而不是为了完成信息科技的教学任务。

——高唐县固河中学　刘振勇

对于学科教师来说，要树立融合的观念：①学科融合不能某一个学科唱独角戏，它是所有科目的融合，充分发挥各学科的优势。②教师之间也要融合，活动中当一位教师遇到困难的时候，要主动放低姿态，向其他教师借力，而其他教师能发挥专业所长，积极提供帮助。③把相关教育理论融合于实践，让师生在体验中有了崭新的认识。如心理辅导是融合在学校各方面的工作中的，通过课堂、课外活动等平台帮助学生认识自己、学会调试并与外界积极交流。

——度假区朱老庄镇中学

打破学科壁垒，还意味着要脱离原有的舒适区，不断地拓展知识面，要做到跨学科教学和学习的最方便的办法是博览群书，美国著名心理学家彼得·沙洛维是这样说的："在耶鲁大学的这些年，我了解到最伟大的学者们所画出的那些很大圈，他们博览群书，也对自己研究范围之外的想法颇感兴趣。"书读得多了，一个人的知识自然而然丰厚了，思想深邃了，见识独到了，而且常常能在不同的事物间找到相似点或者连接处，这样跨界就产生了，变革就存在了。当融合、演变、迭代、推进、创新成为这个时代的特点和趋势，那也应该成为这个时代的教育方式，也应该成为教师的生存方式。

——冠县育才双语学校

与数学、物理、化学为主的理科融合教学体系。理科学习是以数学的各方面能力作为学习基础的，例如，在教授"循环语句"这一节时，先给出一个数学问题"百钱买百鸡"，让学生用数学方程式列出题目中的数量关系，试着用数学知识去解决这个问题。经过运算，有非常多的答案。怎样能快速准确地得出答案呢？这时我们来认识一下 Python 中的 for 循环语句，用计算机程序来解决这个问题。

先制定解决的方法与步骤，再用 Python 来编写程序，最后测试与调试程序。整个过程学生的数学思维、计算思维都得到了锻炼。

这节课涉及与数学学科的融合，由于是比较简单的数学问题，在教学过程中未遇到困难。在 for 语句的运用上遇到的困难较多，如学生不理解 for 语句是怎样循环的、是怎么取值的等问题，需要我们耐心细致地解答。

——聊城经济技术开发区东昌中学新校区

数学来源于生活，而生活离不开劳动，劳动中的数学最美。我们学校有杏园，创建了劳动基地，每个班都分到了一块地。班上的学生就经常到菜地中去开展播种、除草、施肥等劳动活动，在劳动中学生也提出了很多的数学问题。

如：五年级学生在菜园中劳动时提出了给菜园浇水，浇水的面积是多少？给菜园子围栅栏，需要多长的栅栏呢？

学生提出问题后，就开始动手测量不同形状的数据，收集所需要的信息。利用所学的多边形面积和周长的计算方法来解决这些问题。

六年级学生则提出了给蔬菜打药，在配制药水时需要多少毫升的药液？收集信息：配置药水时药液和水的比是多少？喷雾器能盛多少水？利用所学的按比例分配知识加以解决。

到了收获的季节，学生则提出了一共收了多少棵白菜？一共多少千克？能收入多少元？杏园一共能收获多少杏？一共可以收入多少元？等等。

学生提出这些问题后，大家在收获时注重数据的收集工作，有的清点数量，有的进行称重，有的去集市上进行调查，了解每千克多少钱，等等。收集完成信息后，再用数学知识去解决这些数学问题。在这个过程中让学生充分知道，我们的数学和劳动是紧密联系的。在计算出能收入的钱后，让学生知道通过自己的劳动能得到回报，感受劳动的价值。

——聊城市茌平区振兴小学

基于生活的融合。学校充分挖掘、利用校内外教育资源，尽可能地为学生提供活动平台，让学生在一个更加广阔的天地里学习。比如让学生观察研究校园植物，利用图书室、微机室查阅资料，到社区参加志愿服务，在家中动手实践，到野外亲近大自然，学习生产生活技能等，把校园、图书室、社区、家庭变成学生学习、求知、感悟的课堂。同时，学校以教材为本，精心设置作业，升华实践积累。比如语文学科低年级主要进行在生活中识字、识字擂台赛、写观察日记、组织故事大王比赛等；中高年级主要在阅读文本的基础上，让学生续写故事、改编表演课本剧、把古诗文改写成记叙文、创编故事；让学生做校园的讲解员，在准备的过程中收集资料，编写解说词，提高语文运用能力，激发学生探究的欲望；收集古今中外赞美、描写植物的美文、诗篇做成文摘等。对植物的研究给学生以做人的启迪，升华了学生对生命价值的感悟。

——临清实验小学

四、探寻感悟

以发展学生核心素养和落实立德树人为根本目的的背景下，各学校都在积极探索和尝试学科间融创教学，但学校间存在不均衡现象，有的学校活动单一，融创教学仅局限于信息技术手段在某一门或某几门学科中的应用；有的学校在融创形式上多种多样，有比赛、有模型制作、有古法造纸的校本课程开发。基于此，我们认为有必要通过典型案例探究，进一步给大家提供可资借鉴的模式。

从这些案例中我们发现，融创教学要顺利开展，一是教师要提高自身素质，掌握多学科知识，树立终身学习的理念。比如：化学学科与信息技术的融合，可能需要化学教师熟练使用某些软件；地理学科与语文学科融合，地理学科教师还要熟悉传统文化；多学科的融合甚至需要教师掌握算法和编程。二是创新活动形式，寓教于乐，让学生在用中学、做中学、创中学。比如：组织开展"疯狂的鸡蛋"探究实验、以"星际迷航"的形式改编课本剧、"寻找身边的英雄"演讲比赛等，以学生触手可及的事物为中心，开展丰富多彩的活动，比如以黄河为拓展点，开展与黄河有关的合唱比赛、与黄河有关的诗词大会和探讨如何净化黄河水等活动。

第三部分

案例研究

　　融创教学是为了提高学生解决实际问题的能力，并在问题解决的过程中培养创新精神。本章中的案例从生活中的情景引入，让学生走出课堂、走进真实的世界，带领学生体验探究学习和项目式学习带来的喜悦和成就感；分学段和学科的目的仅是提供不同学情下融创模式的探索和参考。

一、小学融创教学案例

（一）严丝合缝

——图形的密铺

游乐场里真热闹哇!

精彩刺激的游乐项目、活泼可爱的卡通形象都让人流连忘返。除此之外，颜色绚丽、形状百变的地面铺设也为游乐场增色不少。不同场景需要不同的设计，就让我们发挥想象力，做一位地面铺设设计师吧!

图3.1-1　水上乐园

图3.1-2　图案铺设

1. 了解日常生活中密铺图形的应用，发现、总结密铺图形中的基本图形及其数学特点，利用数学中的基本图形来制作密铺图形。

2. 掌握通过编写 Scraino 程序绘制简单密铺图形的方法。

3. 了解简单的色彩知识，提高作品的艺术性。

4. 体会"问题引入—调查研究—设计制作—展示评价—拓展延伸"的 STEAM 学习流程。

5. 通过学科融合，培养学生的综合素养，提升学生利用多学科知识解决问题的能力。

适用年级

四至六年级

建议课时

4~6 课时

材料清单

电脑、卡纸、彩笔、胶棒、直尺、图形纸片

安全事项

规范使用工具，避免带来伤害

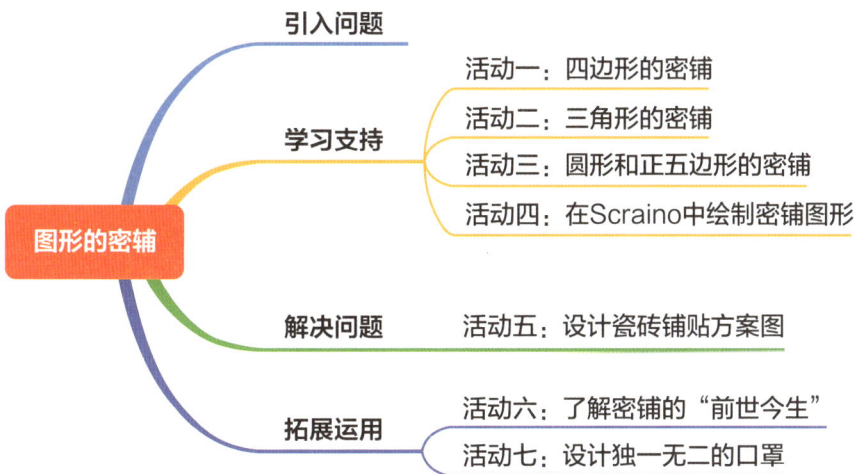

图形的密辅
- 引入问题
- 学习支持
  - 活动一：四边形的密铺
  - 活动二：三角形的密铺
  - 活动三：圆形和正五边形的密铺
  - 活动四：在Scraino中绘制密铺图形
- 解决问题
  - 活动五：设计瓷砖铺贴方案图
- 拓展运用
  - 活动六：了解密铺的"前世今生"
  - 活动七：设计独一无二的口罩

学习流程

1. 引入问题

下面几张图片是生活中常见的瓷砖铺贴图案。请仔细观察，这些图案有什么特点？

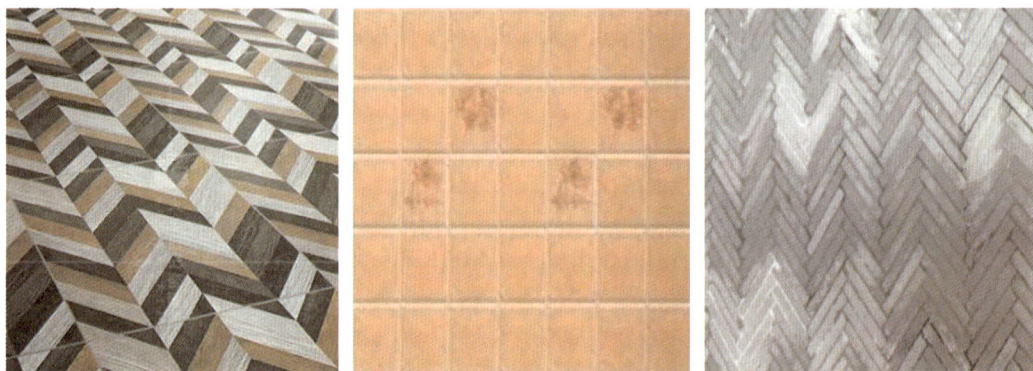

图3.1-3　生活中的瓷砖铺设图案

像上图这样，将形状、大小完全相同的一种或几种平面图形不留空隙、不重叠地排列到一起，就是平面图形的密铺。

游乐场中水上乐园的地面需要用瓷砖重新铺贴，如果让你来设计，你想不想利用密铺的知识做一个完美的方案呢？

2. 学习支持

在小学数学阶段，我们认识了不少平面图形，如果给水上乐园设计密铺图案，哪种平面图形更合适呢？

活动一：四边形的密铺

我们都学过哪些四边形？它们都有哪些特征呢？四边形是否可以密铺呢？

图形名称		角的特征	内角和	边的特征	能否密铺
正方形					
长方形					
平行四边形					
梯形	一般梯形				
	等腰梯形				
	直角梯形				

（1）回忆梳理

（2）实践验证

小组分工合作，探究同一种图形不同的拼铺方法，并在小组内互相交流。

拼铺图案：

方法：每人选择一种四边形纸片，利用图形纸片进行拼铺，将拼铺图案粘贴在学案纸上。

你选择的四边形可以密铺吗？＿＿＿＿＿＿＿＿＿＿＿＿＿＿＿＿

你有不同的拼贴方法吗？＿＿＿＿＿＿＿＿＿＿＿＿＿＿＿＿＿

任意四边形都可以密铺吗？＿＿＿＿＿＿＿＿＿＿＿＿＿＿＿＿

（3）汇报交流

展示不同四边形的密铺图案和实践验证的结论。

（4）总结

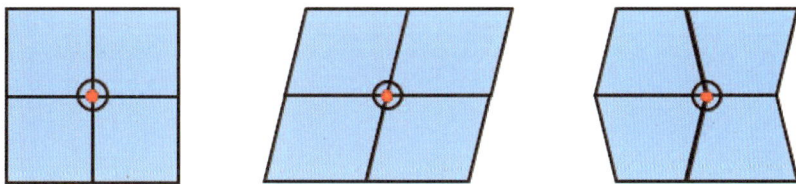

观察以上图形，请思考为什么所有的四边形都可以密铺呢？

_____

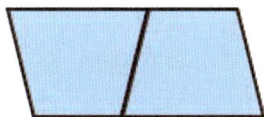

用两个完全相同的梯形可以验证它能密铺吗？为什么？

_____

像上图这样，用同一种图形进行密铺的方法叫作单独密铺。

活动二：三角形的密铺

（1）生活中有各种各样的三角形，你还记得它们是怎么分类的吗？回忆学过的知识，完成表格。

分类标准	三角形		
按角分类			
按边分类			

请大家思考：它们都可以进行单独密铺吗？

（2）拼铺三角形。

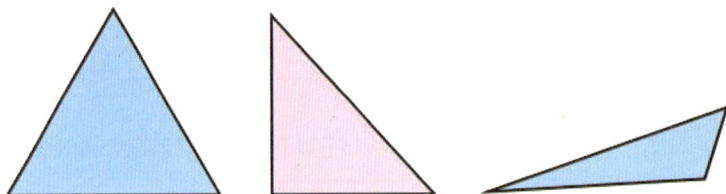

图3.1-4　分类三角形

以小组形式分工合作，利用三角形纸片进行拼铺，并在小组内互相交流。

方法：每人选择一种三角形，将拼铺图案粘贴在学案纸上，探究同一种图形不同的拼摆方法。

拼铺图案：

你选择的三角形可以进行密铺吗？＿＿＿＿＿

拼贴三角形的密铺图案，你有更好的办法吗？

（3）展示不同三角形的密铺图案和实践验证的结论。

（4）观察思考。

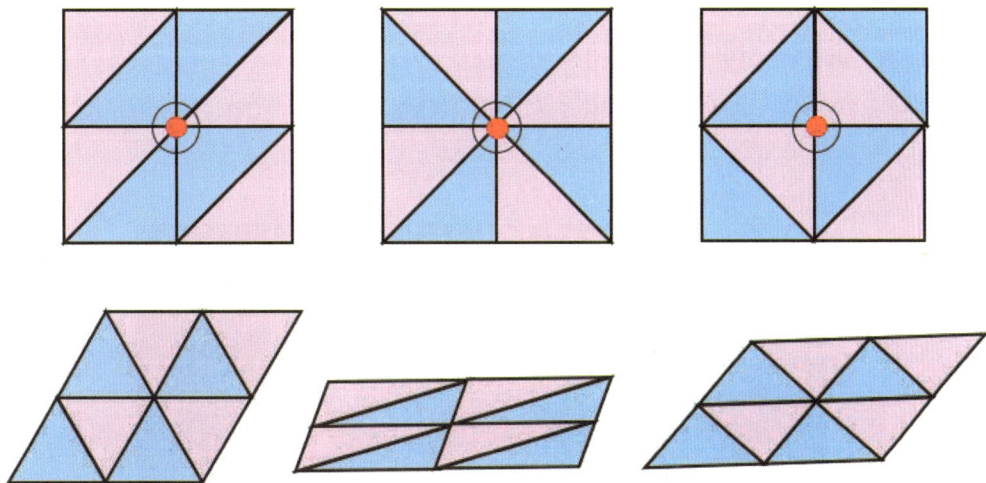

观察以上图形，类比正方形的密铺图案，请思考为什么三角形可以单独密铺呢？

活动三：圆形和正五边形的密铺

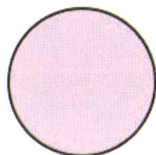

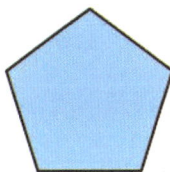

图3.1-5　圆形　　　　图3.1-6　正五边形

上图所示的圆形和正五边形是生活中常见的图形，它们可以单独密铺吗？

（1）借助圆形和正五边形纸片进行拼铺，将拼铺图案粘贴在学案纸上，探究两种图形是否可以单独密铺，并在小组内互相交流。

拼铺图案：

通过实践，圆形可以单独密铺吗？_____

正五边形可以单独密铺吗？＿＿＿＿＿＿＿＿＿＿＿

（2）奇怪的五边形。

通过实践验证，我们已经知道正五边形不能单独密铺，但不规则的五边形却是可以密铺的，目前全世界已经证实了15种可以单独密铺的五边形。

图3.1-7 15种可密铺的五边形

（3）组合密铺。

经过实践验证，我们已经知道圆形和正五边形无法进行单独密铺。请看下面两幅图片，结合你学习的密铺知识进行思考，这两幅图片是密铺图案吗？

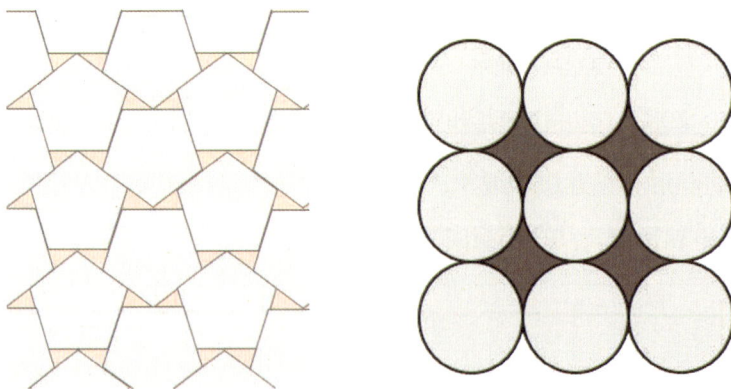

像这样由两种或者两种以上图形进行密铺的方法叫作组合密铺。正五边形和圆形不能单独密铺，但是可以组合密铺。

活动四：在Scraino中绘制密铺图形

在Scraino中，我们可以编写程序更精准、快速地绘制出密铺图案。以正方形的密铺图案为例，一起试试吧！

（1）认识画笔工具。

在 Scraino 中，使用"扩展"中的"画笔"模块来绘制图形，画笔的粗细和颜色可以自由选择。请大家独立探究"画笔"模块中各积木的作用。

（2）绘制正方形的密铺图案。

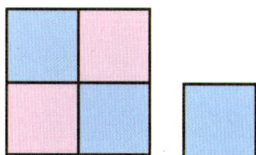

图3.1-8　画笔模块

要想绘制正方形的密铺图案，需要先绘制一个正方形，然后才能进行密铺。

① 绘制一个正方形。

正方形是生活中常见的图形，请借助学过的正方形的知识自主探究，尝试设计绘制正方形的程序。设计完成后交流展示不同程序的绘制方法。

画完正方形的一条边后，为什么将画笔旋转的度数设置为90°？

_____

怎样设置能够使程序更简洁，运算更快？

_____

② 绘制正方形的密铺图案。

尝试绘制正方形的密铺图案，并将编写的程序分享、交流。

编写程序的思路是什么？

_____

怎样设计程序可以更简洁？

_____

使用旋转的方法绘制完一个正方形之后画笔需要旋转多少度？旋转的度数和什么有关？

_____

想一想，正方形为什么能够密铺？和正方形边的特征有关还是和正方形角的特征有关呢？

_____

③ 绘制完一个正方形之后，画笔需要旋转 90°，如图所示这个 90° 并不是正方形一个内角的度数，而是正方形一个外角的度数。

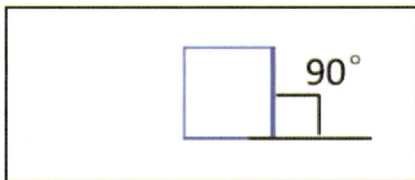

（3）在 Scraino 中尝试使用不同方法绘制正方形的密铺图案，并交流展示。

3. 解决问题

活动五：设计瓷砖铺贴方案

通过学习，我们了解了密铺的知识，接下来请你充分发挥想象力，当一位小小设计师，帮助水上乐园设计地面图案，把最美的图案画出来与大家分享吧!

（1）出于安全性考虑，水上乐园一般会配备安全员，安全员的责任是需要时刻观察乐园中游客的安全情况。如果水上乐园底部瓷砖的颜色或者图案不合适，就会影响安全员的观察。

你认为水上乐园底部瓷砖使用什么颜色更适合呢？

_____

你想使用单独密铺还是组合密铺呢？

_____

（2）你想设计什么样的图案呢？把你的想法画在纸上与同学们分享吧。

（3）利用 Scraino 中的画笔模块或画图软件完成设计并互相评价。

项目	选用瓷砖的形状	完整的设计是否是密铺图案	密铺的种类（单独密铺或组合密铺）	程序设计	颜色搭配	图案美观度	安全员观察的方便程度
等级（A/B/C）							

4.拓展运用

活动六：了解密铺的"前世今生"

（1）密铺的历史

1619 年，数学家奇柏（J.Kepler）第一个利用正多边形铺嵌平面。

1891 年，苏联物理学家费德洛夫（E.S.Fedorov）发现了 17 种不同的铺嵌平面的对称图案。1924 年，美籍匈牙利数学家波利亚（Polya）和尼格利（Nigele）重新发现这个事实。

德国数学家希尔伯特（David Hilbert）曾在 1900 年将密铺问题列为他的二十三个问题之一。

最有趣的是，1936 年荷兰艺术家埃舍尔（M.C.Escher）偶然到西班牙的格兰纳达旅行，在参观建于 14 世纪的阿尔汗布拉宫时，发现宫内的地板、天花板和墙壁都是用密铺图案装饰，因而得到启发，创造了无数的艺术作品，给人留下深刻印象，更让人对数学有了新的认识。借助色彩的搭配，二维的密铺图案甚至有了三维立体的效果。

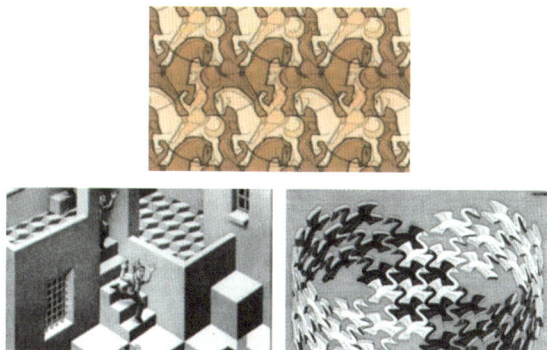

图3.1-9　密铺的三维立体效果

（2）生活中的密铺

在公园、商场、体育馆等公共场所，常见到地面上使用密铺图案的设计，给人带来美的享受。

图3.1-10 常见地面密铺

（3）大自然中的密铺

蜂巢是严格的六角柱形体。它的一端是六角形开口，另一端则是封闭的六角棱锥体的底，由3个相同的菱形组成。18世纪初，法国学者马拉尔奇曾经专门测量过大量蜂巢的尺寸，令他感到十分惊讶的是，这些蜂巢组成底盘的菱形的所有钝角都是109°28′，所有的锐角都是70°32′。后来经过法国数学家克尼格和苏格兰数学家马克洛林从理论上的计算，如果要消耗最少的材料，制成最大的菱形容器正是这个角度。从这个意义上说，蜜蜂称得上是"天才的数学家兼设计师"。

图3.1-11 大自然中的密铺

（4）制造业中的密铺

图3.1-12 制造业中的密铺

为了减少原材料的浪费，在制作模型时也要尽可能地使用密铺图形。

（5）科技领域中的密铺

图3.1-13 科技中的密铺

太阳能发电板采用密铺的设计，能够最大化地利用空间，保证最大程度地吸收太阳能。中国科技馆的动态变形墙通过气动阀推动一片片密铺的面板单元作为像素，形成动态图像的效果。

（6）传统纹样中的密铺

图3.1-14　传统纹样中的密铺

中国传统纹样，指的是由历代沿传下来的具有独特民族艺术风格的图案。主要源于原始社会的彩陶图案，已有 6000—7000 年的历史。从古老的青铜器到精美的玉器，从独一无二的青花到建筑上的雕琢，多采用密铺的图案，都是东方想象力的凝聚。

活动七：设计独一无二的口罩

口罩是我们生活中必不可少的物品，市面上千篇一律的蓝白口罩不免单调。你想不想当一个小小设计师，给自己的口罩设计一幅密铺图案，让你的口罩独一无二呢？

请选择喜欢的图形和合适的密铺方法，借助 Scraino 编程、绘画软件、画笔、拼贴等方式进行创作。

创作完成后分享设计的密铺图案，将你的图案和程序设计思路讲解给同学们听。

项目	是否属于密铺图案	程序设计	颜色搭配	图案美观度
等级（A/B/C）				

教·学·反·思

本案例内容依托于小学四年级数学教材"图形的密铺"的知识进行设计，结合电脑编程、电脑绘画技术，利用数学和信息学之间的联系，建立两个学科间融合的桥梁。

《严丝合缝》作为 STEAM 课程实验的初体验，给我们很多启示。通过课堂教学实践，对本课程有了更深一步的认识。

（1）教学过程方面

① 案例中的核心问题——"什么图形可以单独密铺？"——贯穿始终，易于学生入手研究。任意四边形在猜想中和验证阶段的极大反差引发学生思考，对比正方形、长方形和任意四边形的密铺图案，更容易突破"在公共顶点处的几个角的度数和正好是 360° 可以保证图形可以密铺"这一思维难点。正方形的图形特点也让学生更容易理解循环结构的意义，编写密铺图形时，使用循环结构的嵌套也让学生的编程思维水到渠成。

② 在项目展示阶段，学生可以自由选择不同的呈现方式，电脑画图、电脑编程、拼贴展示等，营造能思会做、能做会说的氛围，学生能充分表达自我、展示自我。

（2）整体教学方面

在 STEAM 视野下的项目式教学能让教师从单一的知识传递转为学生的主动学习。比如在编程绘制正方形和正方形的密铺图形时，学生能够借助数学课上学习的正方形特点探索绘制，并能够在尝试中成长，迅速修改程序以达到最终的效果。学生经验迁移到绘制正方形的密铺图形中，无形中培养了学生的编程能力、运用多学科知识解决问题的能力。

虽然案例设计之初参考了不少相关材料，课题组成员也经历了一次次的修改，但是真正实施时也遇到了未曾设想的阻碍。

① 预设目标难度阶梯跨越大，课堂容量不足以完成一部分内容。在"四边形的密铺"这一小节中，因四边形涉及的图形种类较多，不同图形的外形特点不同，一节课难以完成，需要根据实际情况合理调整课堂设置。

② 预设认知转化节点不详细。本次试验对象是五年级学生，在真正的教学活动中，有些环节是无法预设的，一句话可能扭转学生的思维方式。在思考"为什么正方形和长方形可以进行单独密铺"时，学生可能会因为这两种图形的特殊性单独从图形的边、角的特点进行思考。在出示了任意四边形都可以单独密铺时，学生在边、角上没有发现任何特点才转而去关注公共顶点处不留缝隙的四个角正是任意四边形的四个角，转而得出最后的结论。

③ 预设学生的学情与现实不同。案例设计针对四至六年级的学生，学生学情复杂，在数学知识梳理阶段、程序编写阶段，有部分学生容易失去兴趣，变成彻头彻尾的"倾听者"。

④ 预设的展示形式有局限性。在探究图形是否可以单独密铺和进行圆形和正五边形组合密铺阶段，采用的是图形拼贴方式。作品的展示形式比较单一，学生容易失去兴趣从而降低教学效率。

（3）总结和反思

在本课例的设计与实施过程中，我们不断进行反思和总结，今后还需要从以下几个方面进行完善。

① 及时发挥教师的引导作用。引导学生积极参与团队活动，或采取组长负责制，将小组任务分配到个人，提升学生的参与度。教师要学会做一个宏观调控者，完善教学规范，才能更好地培养学生自主学习的能力、学生之间的合作能力和坚持不懈的精神。

② 在作品展示环节采用不同的教学方式。在学生回答问题、小组展示活动中，抓住学生的回答亮点，及时进行有针对性的评价。小学生的思路天马行空，可以提供一个相对成熟的作品展示，给学生一个基础思路，让学生有的放矢；让学生在主要问题上进行阐述或者进行创新。还可以引用竞争机制，利用小学生好胜心强的特点，采用小组竞赛形式激发学习积极性，有利于小组互帮互助、共同进步。

③ 结合编程，辅助学生突破思维难点。在解决设计水上乐园瓷砖密铺图案这一主线问题时，数学和编程相辅相成，再加上颜色搭配等美术知识，并用水上乐园设计安全问题加以点缀，有效提高了学生的创造力、多学科知识的运用能力、解决问题的能力，提升了学生的综合素养。

教学策略没有固定的形式，要根据教学情境的要求和学生的需要随时发生变化。不同班级学生的学情不同，需要有针对性地组合相关的教学内容、教学组织形式和教学方法。教学是一项常教常新的活动，多试验，常修改，才能取其精华、去其糟粕。STEAM 课程亦是如此，需要不断提炼，才能更好地完善。

学·习·收·获

在 Scraino 中编写了正方形的密铺图形后，我理解了一些数学知识。我从没想过正方形和长方形为什么可以密铺，借助编程我理解了这个问题。我也没想到任意四边形都可以密铺，借助 PPT 里的图形工具我验证了。

——茌平区第二实验小学学生 王梓辰

之前想不出来的题，我用拼一拼、摆一摆的方法能解决，现在用 Scraino 编程也能解决，我很有成就感。

——茌平区第二实验小学学生 吴照柏

专·家·点·评

项目式学习案例《严丝合缝——图形的密铺》以学生喜闻乐见、颜色绚丽、形状百变的地面铺设为情境，将数学知识融入生活实际，与传统文化相结合，还借助计算机编程研究图形特点，深入学习图形的密铺，是一个适合小学生特点的优秀 STEAM 案例。

本案例设计巧妙，有明暗两条线：明线是利用图形玩转密铺的情境和知识结构，暗线是激发学生自主深度学习、提升解决问题能力的 STEAM 学习策略。

该项目化学习以用瓷砖重新铺贴地面为背景，探究图形密铺条件为主线和明线。在学习过程中学生分组自主确定研究方向、研究方式，通过动手操作、小组合作探究等形式，得出"在公共顶点处的几个角的度数和正好是 360° 可以保证图形可以密铺"的结论。同时，尝试设计绘制多边形的程序，编写 Scraino 程序绘制简单的密铺图形。设计完成后交流展示不同程序的设置方法加深了对密铺条件的理解。借助颜色的搭配，学生自己创作的实物生动起来，感受颜色给生活带来的影响。本次项目化学习将数学知识与传统文化、计算机编程等相结合，建立了几个学科间融合的桥梁，学生在轻松愉快的活动中获取了知识。

在飞速发展的时代背景之下，如何获取知识，如何运用知识，如何与人沟通协作，是否拥有开拓创新的精神，等等，这些都是核心素养的具体体现，都是在未来社会中的核心竞争力。

该项目同时还以学生学习思路的层层进展为暗线展开教学设计。在学生探究过程中，由长方形、正方形的密铺联想到普通四边形的密铺，由三角形、四边形的密铺联想到圆形、多边形的密铺，由同一种图形、同一种方式的密铺，联想到多种图形、多种方式的密铺……这种由特殊到一般、由简单到复杂的学习方式方法，学生通过操作思考探讨开辟出认识世界的条条道路。从而体会"问题引入—

调查研究—设计制作—展示评价—拓展延伸"的学习流程，从而明确一个问题不只有一个答案，得到正确答案的方式也不止一种。在参与项目活动的过程中，学生不仅学到了知识，还掌握了获取知识的能力和方式。

STEAM 课程不是标新立异，而是鼓励学生在科学、技术、工程、数学和人文艺术领域的发展和提高，培养学生的综合素养，从而提升其全球竞争力。它不仅仅是简单的学科融合，更是引导培养学生自主深度学习的桥梁，为学生提供一个整体认识世界机会。在学习过程中，让学生经历大量的思考、激烈的讨论、充分的火花碰撞，耗费心血的学习才是深层次的学习。在学习过程中让学生主动提出问题，思考解决问题的方式和方法，并能由此及彼地找到知识间的联系，以已有的知识和经验为生长点，才能达到真正培养核心素养的效果，达到培养未来人才的目标。

——山东大学教授、博士生导师 冯力殿

（二）数字大厦
——条形统计图

案例导读

当你徜徉在音乐广场的律动节奏中时，有没有注意到大屏幕中播放的音浪动图？当你游走在夜间的城市广场，环顾四周灯火辉煌的高楼大厦时，有没有发现它们和音浪动图有几分相似？其实在数字的世界里，我们也可以用数字建起高楼大厦，你想试试吗？

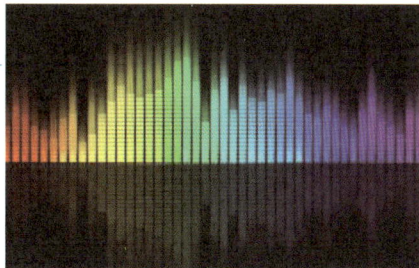
图3.2-1 音浪动图

图3.2-2 灯光大厦

STEAM目标

1.通过学习条形统计图的绘制过程，掌握在方格纸上绘制、补充条形统计图的方法。

2.理解简单的数据收集、数据整理和数据分析的过程，能够对结论进行简单描述，体会统计在生活中的作用。

3.在探究活动中，感受将数据图形化的统计方式的优势。

4.会用统计方法解决生活问题，养成利用数据图形化分析问题的习惯。

5.体会"问题引入—调查研究—设计制作—展示评价—拓展延伸"的STEAM学习流程。

6.通过实践探究，体会学科之间的紧密联系，提高学生利用多学科知识解决问题的能力。

适用年级

四年级

建议课时

3~5课时

材料清单

印有方格的A4纸、彩笔、卡纸、剪刀、胶棒、笔、直尺等

安全事项

使用工具时，必须遵守相关要求，避免因此带来的伤害

学习流程

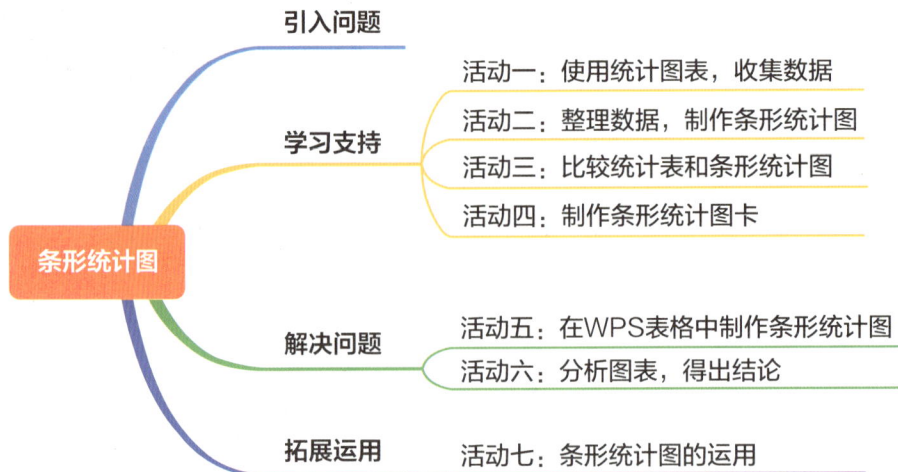

1. 引入问题

音浪动图的变化来源于音量的高低，高楼大厦的高低则是由楼层数决定的，如果我们利用数字的多少来构建不同高度的数字大厦，会不会让数字更直观呢？

在这个单元，我们的任务是对游乐场的每一个项目的游客人数进行统计，用更直观的方式来反映哪个项目最受欢迎，你想试试吗？

2. 学习支持

要解决"游乐场最受欢迎的项目"这个问题，我们可以使用统计表，也可以使用条形统计图来完成，哪种方式更好呢？

活动一：使用统计图表，收集数据

（1）在游乐场中的过山车、旋转木马、海盗船、摩天轮、碰碰车5个项目，统计"游乐场最受欢迎的项目"这一问题，需要收集这5个项目的游客到访人数，结合你的想法设计一个统计表吧！

标题	

（2）你想怎样收集这些数据呢？

活动二：整理数据，制作条形统计图

通过活动一，我们统计了游客最喜欢的游乐项目的数据，对于这些枯燥的数据我们怎么做才能让它形象生动起来呢？

我们现在就试试绘制条形统计图吧！

条形统计图一般是由标题、制图日期（一般指绘制日期）、单位名称、条形轴、横轴（要统计的内容）、纵轴（一般表示数量）等组成。

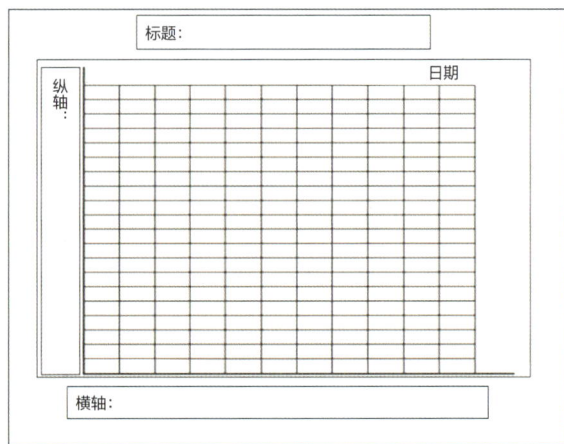

图3.2-3　条形统计图

（1）横轴是我们要统计的不同项目内容，应该填写哪些内容？

_____

（2）纵轴用来表示横轴上不同项目的数值大小，纵轴的起点和终点的数值分别设成多少比较合适？每个小格表示多少数值呢？

_____

整理在活动一中收集到的数据，请你在上面标示中绘制出对应的条形统计图。

活动三：比较统计表和条形统计图

统计"游乐场最受欢迎的项目"这一问题，我们需要经历"收集数据—整理数据—分析数据—得出结论"四个过程。

通过上面的实践，你是不是对统计表和条形统计图的特点认识的更深入了呢？根据所学知识完成下面的表格。

	特点	组成部分
统计表		
条形统计图		

（1）哪种图表更适合在收集整理数据阶段使用？

_____

（2）哪种图表更适合在分析数据、得出结论阶段使用？

_____

活动四：制作条形统计图卡

调查不同内容时需要绘制不同的条形统计图。绘图时，统计的内容越多，绘制的难度就会越大。

我们能不能设计一个可以重复使用的条形统计图卡呢？需要从哪几个方面进行考虑？

在条形统计图中，由小格组成的数据显示区域一般不会发生变化，但条形统计图的横轴、纵轴和标题，都会随着数据内容的不同而有所变化。

所以接下来我们需要考虑以下三个问题：

（1）纵轴的数值范围不同，如何实现重复修改呢？

_____

（2）横轴的内容也会有所不同，如何来处理这一问题？

_____

（3）不同数据内容，当然也会有不同标题，怎样实现标题的重复修改？

_____

对于设计条形统计图卡，你还有其他想法吗？

_____

参考示例：

（1）准备材料，方格纸、彩色纸条（与单元格宽度相等）、方格纸条（与单元格高度相等）、A4纸、笔、安全剪刀。

（2）将方格纸裁成合适大小，写上条形统计图的标题、横轴的内容、制表日期。

（3）在横轴各个项目处、纵轴上下各剪开一个小口，将彩色纸条插入各个小口，抽动彩条，可以表示各个项目的数据。

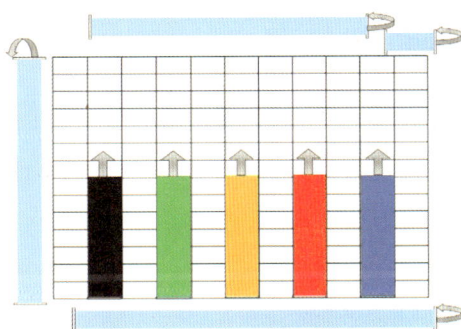

图3.2-4　彩色条形统计图

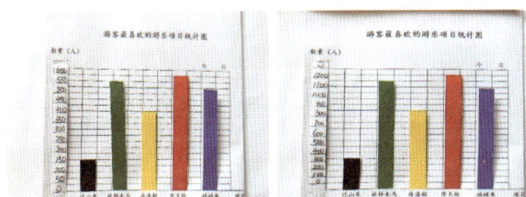

图3.2-5　作品展示

（4）在方格纸条上写上需要更换的数据，插入纵轴小口，抽动可更改数据范围。

作品完成后，采取组内自评、组间互评的方式，发现作品中存在的问题，并对作品进行修改、完善。

3. 解决问题

活动五：在WPS表格中制作条形统计图

WPS 表格是一款强大的数据处理软件，它可以帮助我们记录数据、整理数据，并能根据数据自动生成条形统计图。

是不是很神奇呢？你想不想借助 WPS 表格制作一个电子表格，然后分析出"游乐场里最受欢迎的项目"呢?

（1）了解 WPS 表格的基础操作

① 启动 WPS 表格。

方法 1：双击"桌面"上的 WPS 快捷方式，启动 WPS 表格。

方法 2：单击"开始"，单击"程序"，单击"WPS 表格"，启动 WPS 表格。

方法 3：右击"桌面"空白处，单击"新建"，单击 WPS 表格，启动 WPS 表格。

② 编辑 WPS 表格。

单击鼠标定位方格，在表格合适位置输入信息和数据。

③ 保存并关闭 WPS 表格。

方法 1：单击"文件"，单击"保存"，选择合适位置，单击"确定"，保存。

方法 2：单击左上角"保存"图标直接保存。

（2）在 WPS 表格中制作条形统计图

操作方法如下：

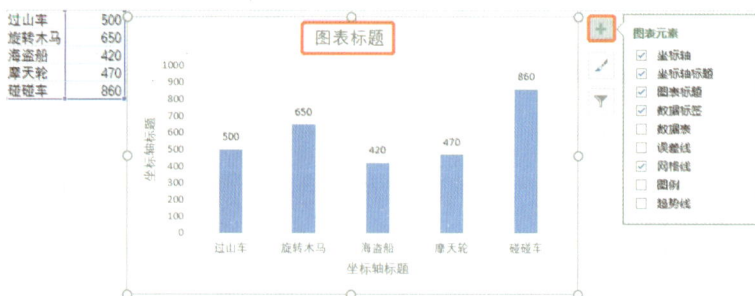

图3.2-6　在WPS中制作条形统计图

① 在表格中输入横轴的内容（要统计的项目名称，占一行或一列）、纵轴的内容和对应项目的数值（位于名称行的下面或名称列的右侧）。

② 拖动鼠标选中输入的信息，单击菜单栏"插入"，单击"图表"，单击"插入柱形表或条形图"选择合适模板，自动生成条形统计图。

③ 双击"图标标题"，修改条形统计图的标题。

④ 单击右侧"+"，编辑坐标轴标题、数据标签等信息。

对比手动绘制条形统计图，你觉得使用 WPS 表格绘制存在哪些优点？

_____

活动六：分析图表，得出结论

通过学习，我们学会了使用不同工具或方法制作条形统计图，把收集到的数据转化成形象的数字大厦，数值越大，楼层越高。

（1）通过条形统计图，你能一眼看出哪个项目最受游客欢迎吗？

_____

（2）观察条形统计图，你还能得到哪些信息？

_____

（3）关于条形统计图，你还有哪些认识呢？

_____

4. 拓展运用

活动七：条形统计图的运用

条形统计图记录方便，看起来直观，对各个时期或项目的数据有直接对比的作用，各类数据的分析比较一目了然，便于向别人介绍。

（1）条形统计图运用的场景

在生活中，条形统计图无处不在、直观形象，应用于多个领域，方便我们更直观地认识数据。

请你认真观察以下两个条形统计图，完成后面的问题。

图3.2-7 人口数量统计图

通过"人口数量统计图"你发现什么规律？

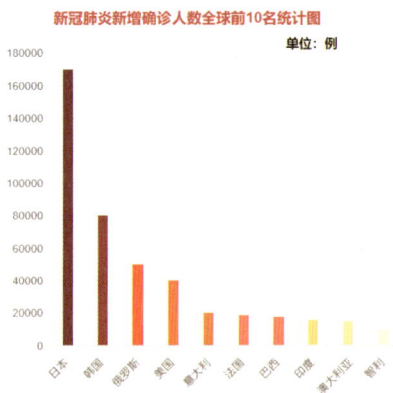

图3.2-8 新冠病毒感染TOP10统计图

通过"新冠病毒感染 TOP10 统计图"你发现什么问题？

（2）仔细想一下，生活中还有哪些领域用到了条形统计图？能解决哪些问题？

教·学·反·思

近年来，STEAM 课程以其高度的跨学科整合特征成为教育改革的重要参照及开展课程整合的模板，尤其对基于学生发展核心素养开展课程整合有所助益。

本案例以青岛版数学四年级上册《条形统计图》一课为基础，坚持 STEAM 教育理念中的生活性原则，从学生的身心发展特点出发，积极寻找教材中与学生生活息息相关的切入点，创设真实的生活情境，以学生感兴趣的游乐园场景入手，采用跨学科学习、项目式教学法进行实践研究。现结合教学实际，从收获、不足、改进三个方面进行阐述。

1. 收获

（1）有利于学生核心素养的提升

① 在此 STEAM 项目教学中，学生的学习积极性非常高，对于教学内容和所使用的材料很感兴趣，并能根据教师创设的情境发现有研究价值的问题。

② 学生经过讨论、交流后，针对问题能提出解决方案或者提出创新性的设计，并能通过小组合作、思维碰撞去制定、修改解决方案；动手设计制作出小组的创新作品，获得成功的体验，培养了学生个性化的思维素养。

比如：在小组展示完绘制的条形统计图后，学生能发现绘制条形统计图的劣势（颜色单一、不可重复利用），进而通过思维碰撞，顺势得出可利用彩纸手工制作条形统计图卡。自己发现问题、解决问题，这样的教学方式让学生感到很新鲜、很有成就感。

③ 在 STEAM 课程教学中，教师引导学生通过观察、想象、分析、讨论、操作、分享、拓展、评价等方式开展主动探究、合作学习。在整个开放式的探索过程中锻炼了学生的沟通能力、团队协作能力和创新能力，提升了高阶思维，提升了核心素养。

（2）有利于教师专业素养的提升

① 相比传统教学模式，STEAM 教育理念更加注重培养学生的综合能力。因此，教师需要不断深化课堂教学形式，积极组织学生开展丰富多彩的学习活动，提升学生的学习深度，使学生获得更多方面的感悟与体验，这就要求教师必须拓宽视野，提升专业素养。

② STEAM 课程案例的开发打破了学科壁垒，对数学、美术、信息技术等多学科知识进行了深度的整合。采用项目式教学法，"编程思想"解决了生活中实际问题，让 STEAM 课程的落地更有生命力。

2. 不足

本课例除了培养学生的创造性思维之外，在教学过程中也发现了一些问题。

（1）小组间的交流不够深入

在进行创意作品设计时，每个学生都有自己的想法，大部分学生都会将自己脑海中的第一个想法分享出来，但是分享完后，组内没有形成最佳方案，很多学生会坚持自己的想法，小组间的沟通没有深入展开。其实 STEAM 课例需要学生多交流，找到最佳方案，小组合作设计出最佳作品，时间和策略上还需要进一步优化。

（2）学科之间的衔接与融合把握不准

在本课例的学习中，学生需要融合数学、美术、信息科技等多学科知识，因此在根据学生的学习需要设计跨学科的内容时，教师要做好衔接和融合，才能保证知识的完整性，并使知识与生活真正联系起来，做成真正的 STEAM 课程。这一点还需要进一步总结、提高。

3. 改进

实施本课例教学的教师课前认真研究，多方查阅资料进行充分备课，整体实施下来，基本达到预想的教学目标，但也存在许多需要改进的地方。

（1）适当调整教学环节

按照预先设想，此案例分为 7 个活动，每个活动一个课时完成。在实施过程中发现，活动一、二关联密切不宜分割，且在 1 课时内能够完成。反而活动四——制作条形统计图卡，因为用剪刀裁剪，且每个彩条需裁剪成与方格纸纵轴相等的宽度，非常考验耐性，耗时较长，对四年级的学生来说具有较大的挑战性。为保证教学效果，合理地调整了教学课时分配。

（2）学生的组织与管理需更细致化

学生对知识的掌握程度、计算机的基础层次参差不齐，因此在数学知识梳理阶段、手工制作阶段、表格制作阶段，小组之间产生了巨大的差异。因此，课前的异质分组、课中的组织管理、激励引导工作都要更加细致化，才能充分调动所有学生的积极性，真正发挥团队协作的作用，力争教学效果最大化。

通过此次 STEAM 课例实施，边教学，边研究，不断更新教学理念、改进教学方式，期望真正使学生增知、长智，养成能力。教学之路漫漫，且行且珍惜！

学·习·收·获

通过这个项目的学习，我学会了跟同学有效的沟通与协作，觉得自己的存在更有价值了。

——聊城市东昌府区郁光小学学生　王佳琪

老师给了充足的时间和充分的空间，供我们思考实践，这样的课堂有趣又有效。

——聊城市东昌府区郁光小学学生　刘昊燃

　　"数字大厦"这个项目较好地体现了STEAM的跨学科优势和解决问题的迁移性，整个设计完全基于学生生活真实情景，始终围绕用条形统计图构建表达的教学主题，设置不同的学科实践内容，通过纸上画、手工裁、电脑做条形统计图，将学科知识和生活应用巧妙、紧密结合，让学生在亲身经历过程中自然而然地完成知识技能到素养的建构应用。

　　在整个实践探究过程中，注重用中学和创中学，教师通过引导学生关注生活中遇到问题，收集整理数据资料，利用分组合作探究设计解决问题方案，并通过实际操作，设计、测试、优化作品，最终形成直观显示、色彩丰富、易修改的条形统计图。

　　执教教师还应通过多维评价结合，充分调动起分组和全体学生的积极性，将教师的指导作用和学生的主体作用实现最佳结合，在反思的基础上进一步优化教学环节，真正探索出一条落实核心素养的新路径。

　　——山东省教育厅信息技术2.0提升工程专家组组长、山东省教育学会信息科技专委会秘书长、山东省教科院信息科技教研员 赵亮

（三）转角遇见

——识方向辨位置

案例导读

　　游乐园里的游乐项目真多呀！海盗船、摩天轮、过山车……哪一个都不想错过。怎样通过游乐园的导览图来快速定位呢？它们之间的方向和位置关系是怎样的呢？

图3.3-1　海盗船、摩天轮和过山车

STEAM目标

1. 学会辨别方向，测量角度和距离。

2. 学会在具体的情境中利用方向、角度和距离确定物体之间的位置关系并进行描述。

3. 在探索活动中，培养空间想象能力和抽象思维能力。

4. 体会"问题引入—调查研究—设计制作—展示评价—拓展延伸"的STEAM学习流程。

5. 体会数学与生活的密切联系，增强数学学习的兴趣，发展数学思维。

适用年级

五年级

建议课时

4~6课时

材料清单

卡纸、彩笔、直尺、三角板、量角器、计算机等

安全事项

规范使用工具，避免带来伤害

学习流程

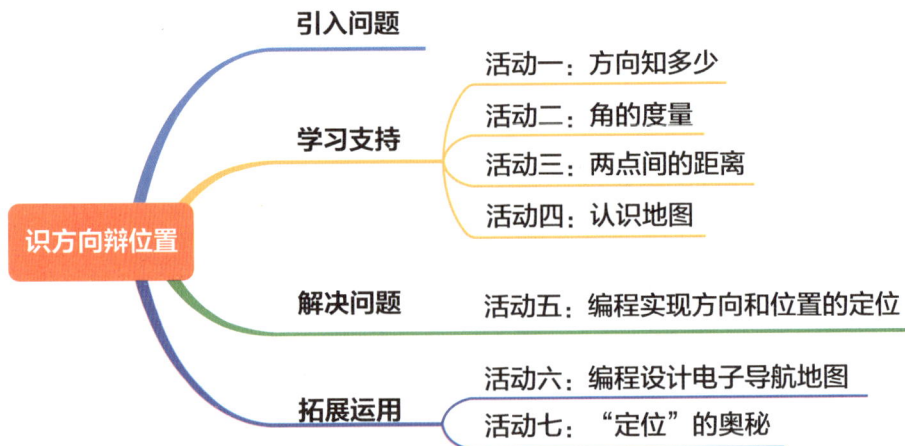

1. 引入问题

摩天轮不愧是游乐园里的"观景台",坐在上面缓缓地转动,俯瞰整个园区和四周的景色,真是一览无余、美不胜收。下一站想去玩刺激的过山车,该怎么走呢?它在游乐园的什么位置?又在摩天轮的哪个方向呢?让我们跟随游乐园导览图开始探究之旅吧!

图3.3-2　游乐园导览图

2. 学习支持

活动一:方向知多少

人们对方向的感知由来已久。现在的地理方位用东、南、西、北表示,但在古代表示方位的称谓却复杂很多,有以春、夏、秋、冬四季来表示的,有以嵎夷、南交、昧谷、朔方来表示的,还有以青龙、朱雀、白虎、玄武(四兽)来表示的。

(1)日常生活中,常用东、南、西、北来表示方向。为了准确描述方向,你还学过哪些方位词呢?

_____

(2)在地图上,通常怎样表示方向呢?请在图中标出方位。

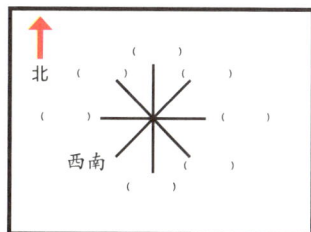

活动二:角的度量

角在生活中普遍存在。角一般起着固定、稳定物体,塑造物体性状使其产生立体感，美化事物以及维持事物平衡的作用。

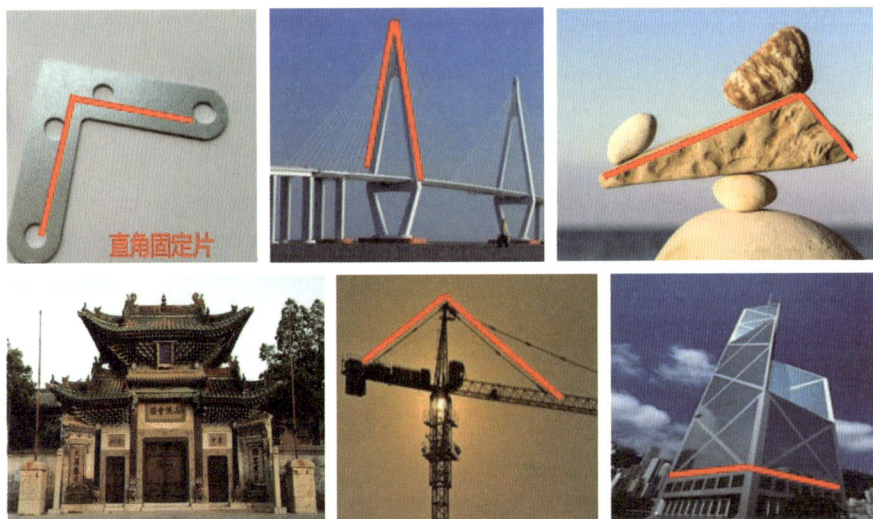

图3.3-3　各种形状物体中的角

中国古代是用曲尺测量角度，曲尺是一种一边长一边短的直角尺，但也有较为特殊的圆弧曲尺。有了曲尺之后，人们可以用它来画直角形和方形，还可以用它来测量直线长短或估量角度数。一般对于角的度量采用的单位是度，测量角度的工具是量角器。

（1）量角器的使用

① 中心点与角的顶点重合（即点重合）。

② 零刻度线与角的一边重合（即边重合）。

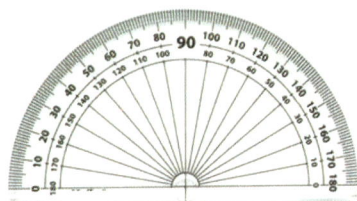

图3.3-4　量角器

③ 根据角的另外一条边来读（读刻度）（如：另一条边在量角器上所对的刻度是60，这个角就是60°）。

（2）思考

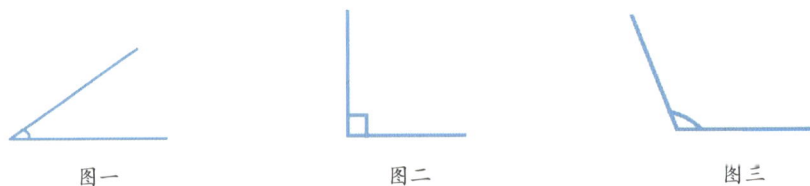

图一　　　　　　　　　　图二　　　　　　　　　　图三

① 请仔细观察上面的三个图形，它们有什么特点？都是由哪几部分组成的？

结论：_____

② 利用量角器测量出上面三个角的大小：

角一：_____ 角二：_____ 角三：_____

活动三：两点间的距离

在一张纸上，随意画出两个不重合的点。

（1）过两点可以画出多少条线？请试着画一下！

（2）过两点可以画多少条直线？请试着画一下！

（3）过两点哪种线最短？

结论：_____

思考：怎样能使纸上的两点离得最近？

结论：_____

活动四：认识地图

人类使用地图已经有很悠久的历史。早期人类在羊皮上、纸上或其他材料上，大多绘制道路、村庄、山河、桥梁等用以描述真实世界的平面图。地图在战争中有着极其重要的作用。古代战争中，地图可以让将领不出军营就可看到百里以外的地势地形，起到排兵布阵、运筹帷幄的作用。

（1）地图的三要素

地图的三要素是指向标、比例尺和图例。

① 指向标：指示地图上的方向。

有指向标的地图，应根据指向标所标方向去辨认（箭头指向北方）。没有指向标的地图，通常采用"上北下南，左西右东"的规则确定方向。

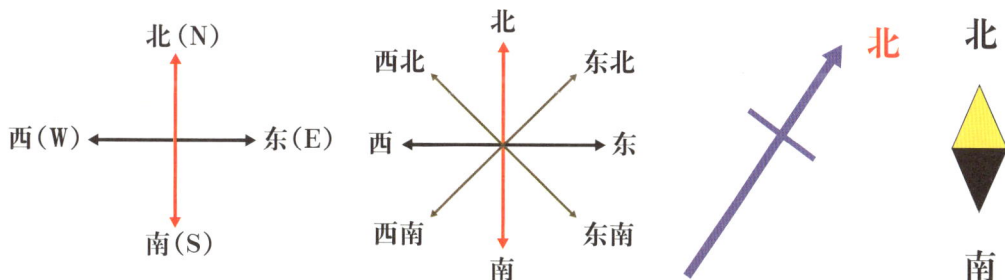

图3.3-5 地图上方向

② 比例尺：表示图上一条线段的长度与地面相应线段的实际长度之比，通常印在

地图的右下角。

比例尺有三种表示方法：

数字式（又名数字比例尺）：用数字的比例式或分数式表示比例尺的大小。如 1:50000,000 或 1/50000,000。

线段式（又名比例尺）：在地图上画一条线段，并注明地图上 1 厘米所代表的实际距离。

文字式：在地图上用文字直接写出地图上 1 厘米代表实际距离多少米，如：图上 1 厘米相当于地面距离 500 米，或五万分之一。

③ 图例：集中于地图一角或一侧的地图上各种符号和颜色所代表内容与指向标的说明，有助于更好地认识地图。

（2）在地图上辨别方位

确定地点的方位，需要以某个观测点为中心，从该中心确定另一点的方向、角度和距离。首先，根据方向描述物体的相对方向。其次，测量其偏移观测点的角度。最后，还需要知道两点之间准确的距离。这样就能在地图上找到其准确的方位了。

思考："摩天轮"在"太空飞船"的什么方位？怎样才能更准确地进行描述？

图3.3-6 程序效果图

参考示例：

图3.3-6　程序效果图

① 在图中找出"太空飞船"，用红色点标画出来；找出"摩天轮"，用蓝色点标画出来。

② 以红色点为观测点画十字标线，将红色点和蓝色点连接。

③ 根据方向标确定蓝色点在红色点的相对方向，用量角器测量出蓝色点偏移红色点的角度，用直尺测量两点间的距离，利用比例尺计算出实际距离。

④ 描述"摩天轮"在"太空飞船"的什么方位。

3. 解决问题

活动五：编程实现方向和位置的定位

利用图形化编程软件 Scraino 可以轻松实现对游乐项目所在地的方向、角度和距离的测量。编写一个实现这种功能的小程序吧！

程序编写完后以小组为单位进行交流、展示。

根据老师和同学们的评价、建议对程序进行修改完善。

参考示例：

（1）将下图作为背景导入到 Scraino 中，调整到合适大小。

图3.3-7　游乐场地图背景

（2）在图中找出"太空飞船""摩天轮"，分别用红色点、蓝色点标画出来。

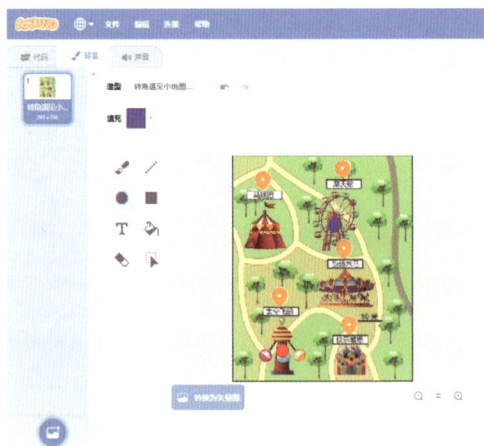

图3.3-8　导入scraino软件中的背景图

（3）引入 PEN 模块。

（4）引入角色"Pencil"并对其编程，实现过点画直线的功能。

（5）引入角色"量角器"并对其编程，实现拖动、旋转、放大、缩小的功能。

（6）运行程序，读出测量结果。

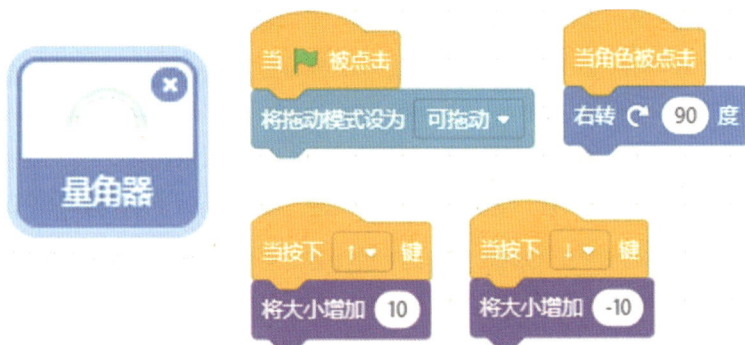

图3.3-9　量角器积木代码

思考：对于角度的测量引入了量角器。如果测量两点之间的距离，引入直尺，应该怎么处理？还能实现哪些功能？

4. 拓展运用

活动六：编程设计电子导航地图

导航图在游玩时必不可少。能不能用 Scraino 软件设计一个简易的游乐场电子导航图呢？开动脑筋，大胆尝试一下吧！

参考示例：

（1）屏幕提示，要求输入起点和目标地点。

（2）输入完后屏幕自动给出文字提示，小猫演示行动路线。

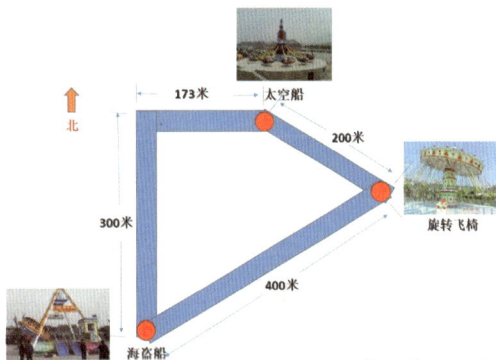

图3.3-10　游乐场所方位图

（3）程序中可设置一个角色——量角器，用它来测量图中所要用到角的大小（量角器可根据需要进行旋转、放大、缩小、移动）。

（4）编程时海盗船在 Scraino 中的坐标为（-160，-150）。

（5）根据海盗船的坐标经计算后可以确定"太空船"和"旋转飞椅"的坐标。

活动七："定位"的奥秘

（1）如果手机不慎丢失，通过手机定位可以找到手机。手机定位的工作原理是怎样的呢？

（2）茫茫大海，一望无际。如何确定行驶中的轮船在大海中的位置和航行路线的？

（3）同一时段有很多航班，飞机在飞行时是如何确定在天空中的位置和行驶路线的？

（4）人造卫星在太空中高速飞行时，是如何确定在太空中的位置的？

图3.3-11 轮船在大海中定位　　　图3.3-12 飞机在天空中定位　　　图3.3-13 人造卫生在太空中定位

请学生选择其中一个问题，通过互联网了解其"定位"的奥秘。

教·学·反·思

本案例研究以青岛版五年级数学中《用方向和距离确定位置》一课为基础进行了创编，设计了STEAM案例《转角遇见》，采用项目式学习方式进行实践探索。教学时根据"学生为主体，教师为主导"的原则，认真研究案例，查阅多方资料进行备课，课后及时反思、总结，对案例反复修改、补充、完善，按时完成了本案例的研究。

经过一个学期的教学实践，我们在潜移默化中将"爱家乡、爱祖国"的理念融入到教学中，将数学知识与传统文化、计算机编程相结合，逐步形成了适合本地区特色的STEAM案例。

（1）本案例充分体现了"学会学习""科学精神""人文底蕴"和"实践创新"四个方面核心素养目标。案例内容将数学知识与小学生的实际情况相结合，并尝试用编程来解决实际问题，真正做到了学以致用。

（2）在案例实施过程中，学生进步很快，他们从刚开始"老师牵着走"逐步形成了"自己走"的学习方式，主动学习新的知识。小组成员积极动手，大胆发言，展示自己收集的资料和作品，充分交流自己的想法和观点，最后形成统一的解决问题的方法。学生在学习中发现了学习的乐趣，更加愿意学习更多的知识以进行应用。在后期的总结会上，学生畅谈了自己的学习体会和感受。通过学生的发言，我们可以深刻感受到

STEAM 这种学习方式使学生的综合素养得到了显著的提升。

（3）在教学活动中，通过大问题引领、资料收集、科学探究、设计制作、展示分享等环节让学生去体验、探究、反思、合作，在学习数学知识与掌握现代科学技术思维的碰撞中创新，从而更好地体验人工智能的魅力，促进学习文化知识和培养创新能力协同发展。

在为期一个学期的 STEAM 课程实践研究中，案例开发团队成员利用课余时间不定期开展创客相关理论的学习研讨，临清、高唐、茌平、东昌府四县市区的高中、初中、小学教师经常进行跨地区、跨学段的交流研讨，不断提高团队成员的理论水平。同时，课程实验学校开展了深入的 STEAM 教学研究，将理论付诸实践，让学生学习编程知识，体验人工智能的乐趣，提升自身的创新能力。

本案例的设计与实践，提升了团队成员的综合能力，真正成长为一名既会做教学研究，又能付诸教学实践的教育工作者。在课题实施的过程中，我们也深深体会到作为信息时代的一名教师的压力，以及肩头那巨大的责任。

（1）要想成为当代一名合格的教师，在掌握高深的专业知识的同时，也需要储备多方面的知识。

（2）要具备终身学习的能力，并且使之成为一种习惯，不断学习，不断提高自己。

（3）要掌握一定的心理学知识，这样才能更好地了解孩子，把握他们的心理特点，进而不断地改善教学思路、教学设计，有利于学生综合素养的提升。

在本案例的设计与实施过程中，我们不断进行反思和总结，今后还需要从以下几个方面进行完善。

（1）案例要引导学生做到学以致用。我们不能为了教而教，让学生为了学而学，最终要让学生体会生活中的应用，因此在案例的最后应该结合学生的成长需要做进一步的拓展。例如：了解太空中卫星定位的知识，从而让学生深入挖掘相关的文化与知识，以进一步拓宽学生的知识面（这一问题已经补充到案例的"活动七"中）。

（2）在案例实施的过程中，在学习跨学科的内容时，要把握好度。STEAM 课程所涉及的内容是多方面的、跨学科的。在本案例的学习中，学生不仅是学习数学这一门学科的知识，还需要融合语文、美术、音乐、信息科技等多学科知识，因此在根据学生的学习需要学习跨学科的内容时要因需而定，不能泛泛而教，要把握好度。对于这一点我们还需要进一步进行总结、提高，然后才能使课堂真正成为高效课堂，才能有利于课题研究的实施。

学·习·收·获

我感觉小组合作这种形式太好了。比如在程序编写的过程中，刚开始感觉特别难，无从下手，于是我们分工合作，收集资料，进行了好几次讨论交流，最后完美地解决了问题。通过这次学习，我真正体会到"合作"的重要性了。

——聊城市实验小学学生　杨昊辰

经过这次深入的学习，自己动手、动脑的能力得到了显著提升，思考问题比以前更全面了，对编程更感兴趣了，在今后的学习生活中我将进一步去学习它、应用它。

——聊城市实验小学学生　纪翔宇

我以前很怕在人多的场所发言，非常害怕老师提问，生怕回答得不好同学们笑话我。但是在这次学习中我们组为了锻炼我特地让我进行汇报，我制作了幻灯片，还专门找老师进行了指导，做了充分准备，最后的展示汇报我获得了老师和同学们热烈的掌声，真是难忘极了！我现在也敢在大众场合发表我的观点了。

——聊城市实验小学学生　田佳禾

专·家·点·评

项目式学习案例《转角遇见》以小学生喜欢的游乐园为情景，整合运用认识方向、角的度量、比例尺、线段测量等相关知识，将数学知识与传统文化、计算机编程相结合，是一个适合本地区特色的 STEAM 优秀案例。本案例有以下几个特点。

活动目标定位准确

学习目标的制定综合考虑了数学与信息科技的融合，在知识与技能、过程与方法、情感态度与价值观三个方面有精准的定位与体现，既关注了学生线段、角、比例尺等相关数学知识的获取与测量、计算、画图、编程等技能的习得，又关注了学生思维、表达、想象等高阶目标的达成，更重要的是让学生完整经历了"问题引入—调查研究—设计制作—展示评价—拓展延伸"的学习过程，并在这个过程中体验数学与生活的密切联系，增强数学学习的兴趣，发展数学思维。

学习流程完整流畅

学习活动紧紧围绕"识方向辨位置"这一主题，以"它们之间的方向和位置关系是怎样的呢"为起点，以"引入问题—学习支持—解决问题—拓展运用"为框架，设计了 7 个循序渐进的学习活动，将认识方向、角的度量、两点间的距离、比例尺等相关数学知识进行了结构化整合，将用方向和距离确定位置的三大要素——方向、角度、距离——逐步提取出来之后及时利用图形化编程软件 Scraino 绘图表达、拓展应用。流程的设计能充分调动学生积极参与完整的学习活动，符合本学段学生的年龄特点和心理发展规律。

学生主体地位凸显

案例的设计选取真情景、解决真问题。"下一站想去玩刺激的过山车，该怎么走呢？它在游乐园的什么位置？"能充分调动学生的探究兴趣、激发学生的求知欲望，问题在学生的疑问中产生，在学生的探究中解决。学生在认识方向、角的度量、距离、认识地图等活动中经历"了解素材—动手实践—独立思考—得出结论"的过程，由"扶"到"放"逐步形成了"自己走"的学习方式，引领学生主动探究。以小组合作的方式组织学生积极动手、大胆发言、展示汇报，充分交流自己的想法和观点，最后形成统一的解决问题的方法。充分尊重学生的主体地位，彰显学生个性。

——山东省特级教师、齐鲁名师、山东省教学能手、正高级教师、聊城市茌平区教研室主任、小学数学教研员

（四）木工巧匠

——制作木质房子模型

案例导读

游乐场里不仅有精彩刺激的游乐项目，还有各种活泼可爱的动物，它们生活在不同的宠物园区。聪明的你有没有发现下页图中的小猕猴还身无居所？我们能不能为它们制作一个简易的房子呢？

127

图3.4-1 兔子的房子   图3.4-2 狮子的房子   图3.4-3 我的房子在哪?

STEAM目标

1. 了解常用的木材加工工具及常用的木材种类。

2. 了解木工制品的制作工序，初步掌握木工加工中画线、锯割、打磨、胶连接组合等环节的基本操作方法。

3. 学会根据实际情况选择合适的木材，制作简单的木制品模型。

4. 了解指尖上的中国建筑工艺，培养空间想象能力、动手能力和创造能力。

5. 通过制作简单的木制品，体验劳动的快乐，养成热爱劳动的好习惯。

适用年级

四至六年级

建议课时

4~6 课时

材料清单

直尺、手板锯、锤子、砂纸、铅笔、黏胶水、木板、木工制作的操作台

安全事项

使用工具时，必须遵守相关操作要求，避免因此带来的伤害

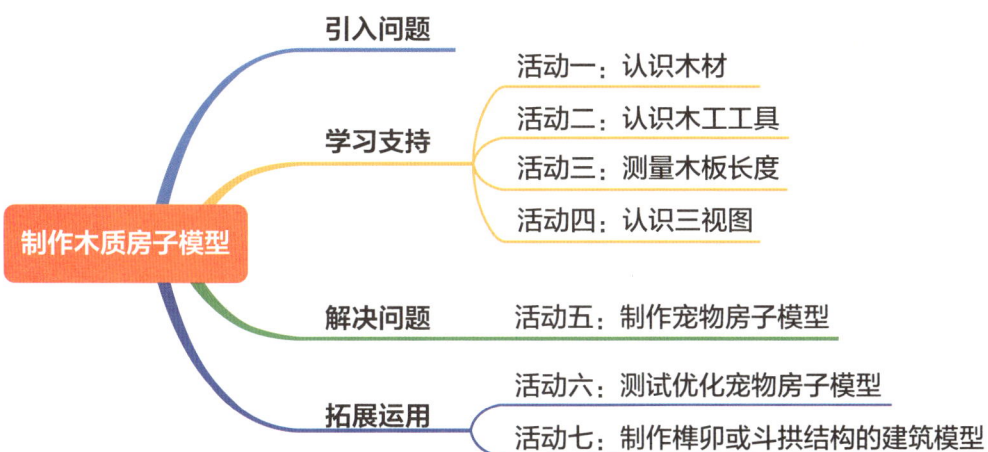

引入问题

学习支持　活动一：认识木材
　　　　　活动二：认识木工工具
　　　　　活动三：测量木板长度
　　　　　活动四：认识三视图

制作木质房子模型

解决问题　活动五：制作宠物房子模型

拓展运用　活动六：测试优化宠物房子模型
　　　　　活动七：制作榫卯或斗拱结构的建筑模型

1. 引入问题

生活中，我们使用的桌子、凳子、床这样的物品多数是用木材制成的。你知道制作这些木制品的方法和步骤吗？给小动物制作房子也可以使用木材，制作过程中应选择哪种木材？使用哪些工具？又如何加工呢？你想不想试一下？发挥大家的聪明才智，为宠物制作一座简易的房子吧！

2. 学习支持

活动一：认识木材

（1）写出下面图中物品的材质。

图3.4-4 不同材质的物品

（2）木材是家居用品中常用的材料，它具有如下特点。

① 天然性：木材是一种天然材料，具有生产成本低、耗能小、无毒害、无污染等特点。

② 保温性：木材的导热系数很小，具有良好的保温性能。

③ 可加工性：木材软硬程度适中，容易加工。

④ 装饰性：切割后的木材具有天然美丽的花纹，具有很好的装饰性。

回想自己家里的家居用品，有哪些用品的材料用到了木材？

（3）木材有很多种，特点各不相同，应用场所也有所不同。以下是几种常用木材及它们的应用。

① 红松：材质轻软，强度适中，干燥性好，耐水耐腐，加工、涂饰、着色性好。

② 樟木：轻重适中、结构细、有香气，干燥时不易变形。

③ 人造板：常用的有三合板、五合板、纤维板、刨花板、空心板等。因人造板的组合结构不同，可克服木材的胀缩、翘曲、开裂等缺点，在家具中使用很广泛。

了解木材特点后，如果制作宠物房子模型你会选用哪种木材？

活动二：认识木工工具

（1）了解木匠祖师——鲁班。

鲁班是我国古代著名的能工巧匠，也是一位杰出的发明家。他深受人们的景仰和爱戴，一直被木匠尊奉为"祖师"。

鲁班姓公输，名般，春秋时期鲁国人。因为古时候"般"和"班"通用，所以人们也常叫他鲁班。传说，鲁班发明了云梯、战舟、磨、碾子、钻子、锯子、刨子等工具。据《物原》和《古史考》等古籍记载，他还改进和发明了很多工具器械。

图3.4-5 鲁班画像

（2）查阅资料，认识常用木工工具。

工具名称	常见样式	主要用途
手板锯		由锯条、锯手构成。使用时握住手板锯把手，用锯条切割材料
羊角锤		由锤头和锤柄两部分构成。锤头的一端是圆型铁，用于敲击；另一端扁平弯曲并且有 V 型分叉，成羊角状，主要用于起钉子
扁嘴凿		主要是用来凿榫孔

（3）正确使用木工工具，不仅能提高使用效率，也能防止工具给人带来伤害。

① 锯子使用技巧：用台钳将木板固定在桌面上，先用锯小幅度推拉开出切割口，然后保持锯面与板的角度小于或等于15°，往复均匀推拉。操作过程中手尽量不要左右晃动，保持沿线切割，到末端时降低切割速度，锯面与板面的角度可以适当加大。

② 锤子使用技巧：使用锤子时，眼睛和手的协调很重要，需要多加练习。眼睛要注视物体，举起锤子，落下时锤头面要和工作面平行，以确保锤面平整地打在工件上。既避免破坏工件表面形状，也防止锤子击偏，造成人员受伤和设备受损。

③ 钉钉子技巧：钉钉子的位置可以先做标记，用拇指和食指捏住钉子，用锤子轻敲几下，以便固定到木材中，然后松开手指，再用锤子重击钉子，直到完全钉入木材中。

活动三：测量木板长度

刻度尺是测量物体长度常用的工具。不同的刻度尺分度值和量程是不一样的，分度值有1米、1厘米、1毫米等。我们应该根据需要选择适合的刻度尺测量所需木板的长度。

使用刻度尺的测量长度一般有以下五个需要注意的问题。

① 刻度尺与被测部分对齐。

② 让刻度尺有刻度的一面紧贴被测部分，测量

图3.4-6　刻度尺的使用

的始端与0刻度线对齐（如果0刻度线磨损，也可以与其他整格刻线对齐，测量结果要减去前面的数值）。

③ 读数时视线与尺面垂直。

④ 读数时做到准确无误。

⑤ 记录数据要写清单位。

思考：

（1）你知道的长度单位有哪些？它们之间是如何换算的？

_____

（2）你还知道哪些用于测量的工具？

_____

131

活动四：认识三视图

"横看成岭侧成峰"，对于生活中物品的观察，从不同方位看到的形状是不一样的。为了方便理解这一现象，我们先来认识三视图。

（1）什么是三视图

观测者从正面、上面、左面三个不同角度，观察同一个空间几何体而画出的图形叫作三视图。

（2）三视图的特点

一个视图只能反映物体的一个方位的形状，不能完整反映物体的结构形状。三视图则是我们从正面、上面、左面三个不同方位观察同一个几何体而画出的图形。除此之外，有时还可以通过剖面图、半剖面图等作为辅助来完成图形描述，基本能完整表达物体的结构。

常见几何体的三视图如下表所示：

几何体						
主视图	□	△	△	梯形	○	
左视图	□	△	□	梯形	○	
俯视图	□	⊙	○	◎	○	

仔细观察上表中不同几何体的三视图，你能找到它们形成的规律吗？

（3）写出下面模型的三视图名称

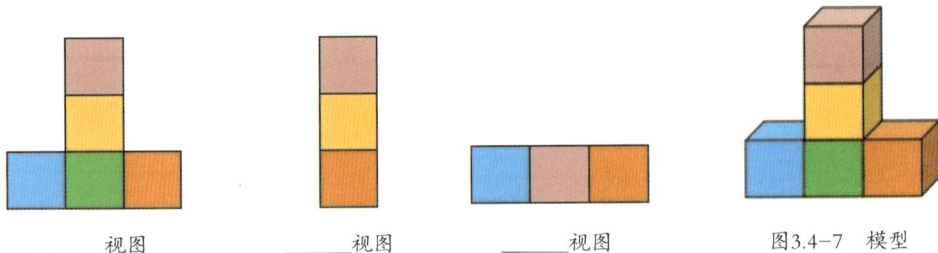

_____视图　　　　_____视图　　　　_____视图　　　　图3.4-7　模型

3. 解决问题

通过上面的学习，我们了解了木工制作中一些关于材料、工具的常识，也初步掌握了木工工具的使用方法，算是一个入门级的小木匠了。下面我们就一起来制作一个小猕猴的"家"吧！

活动五：制作宠物房子模型

根据前面所学内容，按下面的流程为小猕猴设计制作一个宠物房子。

制作流程	你的设计	备注
绘制模型图		设计模型图，画出对应的三视图。注意画图时用铅笔绘制
选材		制作房子模型的材料
画线		根据制作比例，按尺寸在板材上画出各个构件的形状
锯割		使用手板锯沿画好的线对板材进行锯割
拼接组合		选择要拼接的方式
成型		将你制作成型的房子模型照片展示一下

参考示例：

（1）绘制模型的草图。

（2）选择合适的材料（可以合理利用废旧板材和木材）。

（3）在木质材料上画线，操作方法如下。

① 取一块木料，以平直一端边线为准，在需要开锯的地方画线，调整时先松弛绞绳，将锯平举，锯齿朝下，使锯条与锯架平面成 45°角，然后拧紧锯绳，使锯条拉紧绷直，拉出墨线。

② 在准备好的木板上用铅笔和尺子画出各构件尺寸，画线时排料要合理，注意各部之间留有加工余量（锯缝 2~3 毫米），做到"直线用直尺，垂线用角尺"。

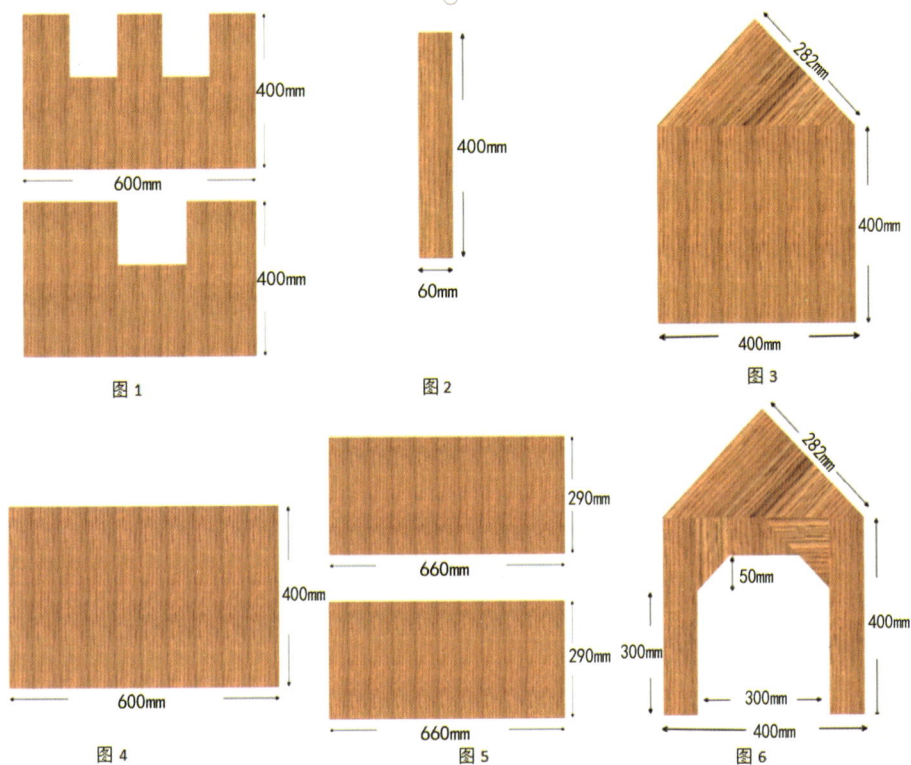

图3.4-8　木质房子尺寸参考图

③ 注意画线的准确度。

（4）锯割：用手板锯分割木材，锯割木材时要压线锯割，不能偏离画线，沿直线锯割，并且要固定好木材。

（5）拼接组合：我们使用黏合胶连接，一般用在木材边与边的连接。胶接两面都要涂胶，吻合压紧后再待胶水变干，随时用角尺检查部件之间的垂直角度。

（6）成型：将准备好的构件按顺序拼接、组合、固定和美化。

经过努力，我们做好的房子模式如下图所示：

图3.4-9　木质房子拼装示意图

4. 拓展运用

活动六：测试优化宠物房子模型

（1）实测木制模型的稳固性、承重能力，思考结构上有需要改进的方面吗？

_____

（2）对制作的"小猕猴的家"的外表进行装饰，画上图案后，可以用马克笔在上面写下自己的美好祝愿或者画一些个性图案。将个人作品拍照展示，并对作品进行评价。

活动七：制作榫卯或斗拱结构的建筑模型

图3.4-10　聊城光岳楼　　　　图3.4-11　八仙桌　　　　图3.4-12　鲁班锁

　　像聊城光岳楼、八仙桌和鲁班锁等，这些中国古代建筑、家具及其他器械的主要结构方式就是榫卯结构。榫卯是在两个构件上采用凹凸部位相结合的一种连接方式。凸出部分叫榫，凹进部分叫卯。斗与拱，均为我国木结构建筑中的支承构件，在立柱和横梁交接处作为承重结构，可使屋檐较大程度外伸，形式优美，为我国传统建筑造型的一个主要特征。

查阅资料，制作一个榫卯或斗拱结构的建筑模型，提升自己的木艺水平吧。

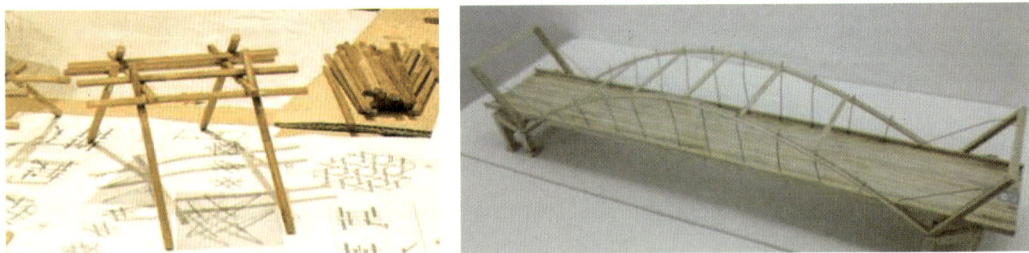

图3.4-13 斗拱结构建筑模型

教·学·反·思

以木工实践活动实施STEAM教育、创客教育，培养儿童的创造能力。让学生通过木工实践活动，学会动手动脑，学会设计学习和操作学习，提高学生素养，传承中华传统文化技艺，从小培养学生的工匠精神。同时让学生在活动中充分释放他们的天性，满足他们的好奇心和探索欲，从中感知自然、感知勇气、感知创意、感知创造，为学生的创意想象提供落地空间。

通过教学实践活动，学生了解了生活中常见的木材加工工具及常用木材。学生在动手实践操作中，初步掌握画线、锯割、打磨、胶连接组合等基本的木工加工方法。通过合作学习和项目式学习，大家学会根据实际情况选择合适的木料，制作简单的木制品模型。整个探索学习过程中既培养了学生的动手能力和创造能力，又锻炼了学生的空间想象能力，学生在学习中体验了劳动的快乐，养成了热爱劳动的好习惯。

通过课堂教学实践，对本课程有了更深一步的认识。

（1）问题导入促进学生自主探究。问题分析即开始不直接阐述理论观点，而是将问题导入。例如：作品制作的技术问题、设计问题，学生一般不易理解。通过展示作品"古代著名建筑"进行具体分析，学生能很快理解各项技术问题。

（2）小组合作学习促进学生主动探究。课堂中设置了"操作示范""问题思考""动手实践""技术实习""调查研究"等环节，引导学生深入思考、主动探究、勤于动手、开放学习、合作学习，让学生亲力亲为，加深对问题的理解，掌握基础的技术，提高运用技术的能力，有利于发挥学生的主体作用和团队精神。例如：木工教室的桌椅摆放，采用六人围坐一桌的形式，工具大家用，条件大家创造，秩序大家维护。动手实践时，可以相互交流，也可以互补长短。动手能力强的学生可给动手能力弱的同学作示范，技术难点可共同合作攻关。课堂点评时可以自评也可以互评，既发挥个体的作用，也体现团队精神。

（3）开放反思促进学生自我升华。为了让学生在动手实践的基础上，抓住有限的时间展示当堂完成的有创意的作品，放手让学生在点评中自我归纳、总结。例如：一节课下来，学生对于作品的制作过程、工具的使用方法、体现的创意，总会津津乐道，讲起来一套套的；他们对自己的作品看了又看，爱不释手；听到不同意见，他们据理力争；得到老师的赞许，他们的高兴劲儿就别提了。可以说是每件作品都牵动着他们的心。那种成功欲，不亚于成功发射了一颗卫星。

课程实施完成后，感觉仍有不足和需要改进的地方。

（1）在学生自主探究这一点做得还远远不够，学生接触木工知识是少之又少，对于木工工艺更是不了解。基于安全问题的考量，总是"抓"大于"放"。今后在教学过程中应该多思考并实践，找准"抓"和"放"的节点，给学生充分的成长空间。

（2）木工课程要做减法，一定要以兴趣为导向，设立兴趣目标，引导学生思考，学习安全使用工具。在课程实施过程中，培养学生形成优秀的思维体系，锻炼学生利用所掌握的资源解决问题的能力，提升学生解决困难的信心。真正做到手脑并用，培养工程师思维，形成创新意识。打破了学科间的界限，让知识"流动"起来，相互作用、相互碰撞，多层次培养学生的技能、认识和思维能力。

（3）在木工课堂上，测量是必不可少的。将两个简单的木块叠加，给学生详细地讲解如何去测量、观察。通过不断制作实物和画图来建立初步的空间思维，形成立体的感觉画线，角度计算，线与面的关系，直尺、三角尺的运用，都会让学生在不知不觉中活用数学的概念，同时体会"斤斤计较"和追求极致的匠人精神。

（4）不管是做实验还是做木工，开始时必须进行规划，使全盘了然于心，设计、画图、测量、画线、切割、锉、拼接、打磨、检验、再修正，这些让学生称赞的结构，不仅能引起他们进行探索、学习的兴趣，还能帮助他们更好地去理解物理中的力学原理。

大量与木制品相关的知识可以帮学生打开眼界、丰富认知，同时养成观察生活的习惯。在学生探索木工工具的时候，他们的全身肌肉都将得到锻炼。例如：锯子的使用会让学生有大量的肌肉运动，而拧紧一颗螺丝就需要肌肉运动协调。在学生确定一个设计方案的时候，他们要考虑作品的形状和材料的选择，这个过程让他们解决问题的能力得到了锻炼。如果学生为了同一个制作目标协同合作，便提高了他们的社交与合作能力。这些技能必将在学生未来的成长中带来帮助。

学·习·收·获

　　木工实践课堂很有趣，我们通过制作小木屋学会了很多平时没使用过的工具，知道了它们的用途，生活中可以帮爸爸妈妈干一点力所能及的木工小修理活了，小伙伴们很开心！我们都很喜欢木工实践课堂，感觉劳动很光荣！

——聊城市东昌府区滨河实验学校学生　班洪翔

　　我们组一开始感觉制作一个小木屋很简单，但在制作过程中，出现了各种各样的问题，我们一点点学习、修改，最后才完成作品。真是"纸上得来终觉浅，绝知此事要躬行"啊！最后我觉得我们还可以再完善一下自己的小木屋，让它成为全场"最靓的仔"！

——聊城市东昌府区滨河实验学校学生　张珊碧

专·家·点·评

　　STEAM案例《木工巧匠——制作木质房子模型》从学生日常生活所可能遇到的问题入手，创设了较为真实的任务情景，很好地激发了学生主动学习的动机。该案例的教学目标清晰，教学设计符合学生认知规律，在引导学生动手设计制作木质房子的过程中培养了学生工程思维和设计思维。本案例有以下几个特点。

符合 STEAM 案例特征

　　STEAM案例应具备项目式、跨学科两大基本特征。制作木质房子模型是项目任务，充分体现了项目式学习的特点。在活动实施过程中，为学生营造了跨学科运用数学、美术、科学等学科知识的机会。该案例达到了促进学生学以致用，进而达到以用促学的目的，是典型的STEAM案例。

项目流程设计合理

　　项目流程按照引入问题、学习支持、解决问题、拓展运用四个方面来设计，符合学生认知发展规律。尤其是从活动一到活动七，涵盖了"掌握基本技能、设计、制作、测试、优化迭代、拓展"等流程，充分体现了培养学生工程思维的育人目标。

拓展运用成为点睛之笔

STEAM 教育是当今世界范围内都较为流行的教育理念，在我国开展 STEAM 教育应该关注三个基本问题，即：为谁培养人才？怎样培养人才？培养什么样的人才？某种程度上来说，"为谁培养人才"是最重要的问题。榫卯、斗拱是中国古代独有的工程技术，也是承载中华文明的载体之一。该案例基于 STEAM 教育理念，设计了传承与创新兼具的 STEAM 课程，在课程实施中既实现了对学生工程思维和设计思维的培养，也达到了对学生润物无声的爱国主义教育。

——中国教育科学研究院STEAM教育研究中心主任助理、

"未来工程师项目"秘书长、全国科技活动先进个人

二、初中融创教学案例

（一）低瞻远瞩

——制作潜望镜

案例导读

在游乐园互动体验区，有一个深受喜爱的互动项目——真人 CS。

这个项目是各种喜欢军事及户外运动的人聚集在一起的一种军事模拟类真人户外竞技运动。使用模拟类游戏战术发射器，身着战术装备以及各种款式的军装、护具，进行的模拟军队作战训练。在掩体下面，为便于发现对方会用到潜望镜。

图3.5-1　模拟军团队作战游戏

图3.5-2　游戏中使用潜望镜

STEAM目标

1. 知道光的反射和平面镜成像原理及其在生活中的应用。

2. 学会熟练使用量角器、直尺或刻度尺进行精确测量。

3. 利用视图相关知识能够绘制潜望镜的模型图。

4. 从工程角度熟悉设计、组装潜望镜的流程。

5. 从艺术角度学会对作品进行美化。

适用年级

初中

建议课时

4~6 课时

材料清单

平面镜、不透光的硬纸板、美工刀、热熔胶、热熔枪

安全事项

1. 规范使用工具，避免因此带来的伤害。

2. 使用玻璃制品时防止损坏或因此造成的划伤。

学习流程

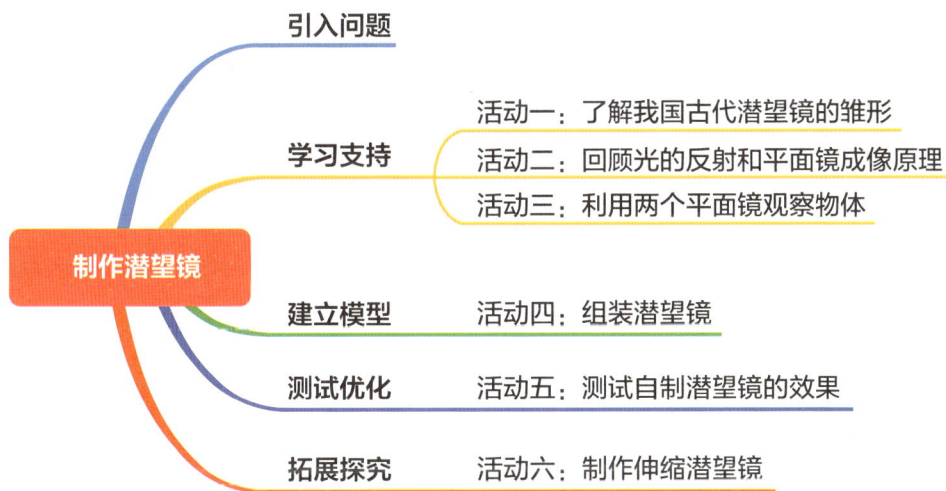

1. 引入问题

潜望镜曾在堑壕战中被用来从壕沟观察敌军动态；科学家也可以利用潜望镜在地下室中观察火箭的发射；在进行原子物理实验的时候，科研工作者利用潜望镜隔着厚厚的保护墙，就能观察到那些有放射性的危险实验。潜水艇在水下航行的时候，也必须利用潜望镜观察海面的情况。

图3.5-3　堑壕中使用潜望镜　　　　图3.5-4　潜望镜观察海面情况

　　虽然游乐园中的潜望镜的外形、构造和图中潜望镜不同，但原理是相同的。你想知道它的工作原理吗？你想亲手制作一个属于自己的潜望镜吗？那就开启我们的探究之旅吧！

2.学习支持

活动一：了解我国古代潜望镜的雏形

　　早在 2 世纪，我国西汉淮南王刘安所著的《淮南万毕术》中记载："取大镜高悬，置水盆于其下，则见四邻……"这是世界上对潜望镜最早的文献记录。

图3.5-5　古籍中的潜望镜

　　"取大镜高悬，置水盆于其下，则见四邻……"的意思是取一面较大的镜子悬挂在高处，将水盆放在镜子的下方，则可以看见周围的景象。这个装置虽然简陋，但对现代潜望镜的研制有深远的意义。

　　请根据上图分析古代潜望镜用到的物理知识：

_____

活动二：回顾光的反射和平面镜成像原理

图3.5-6　镜面反射效果图

世界上有很多著名建筑的外观设计独具匠心，比如上页图中的水城明珠大剧场，建筑物和水中的影像浑然一体，充满美感。看到这些令人叹为观止的景象，不禁好奇：平静的水面为什么会有倒影？其实这是平面镜成像的原理，即：光线遇到平面镜后会发生光的反射现象，从而会在镜中形成与实物相同的虚拟影像。

反射：光在传播到不同物质时，在分界面上传播方向发生改变，返回原来物质中的现象叫反射。

如：光遇到水、玻璃、桌子等物体的表面都会发生反射。

入射点：入射光线与镜面的交点 O。

法线：过入射点且垂直于镜面的直线叫作法线 ON。

入射角：入射光线与法线的夹角叫作入射角 i。

反射角：反射光线与法线的夹角叫作反射角 r。

请根据光的反射光路图，总结光的反射规律：

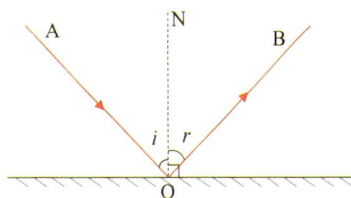

图3.5-7　反射光路图

_____

平面镜成像：

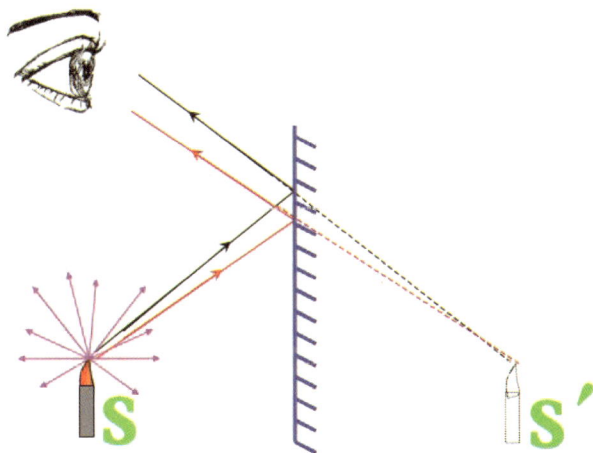

图3.5-8　平面镜成像光路图

请根据平面镜成像光路图描述平面镜成像的特点：

_____

像和物关于平面镜对称，像和物是轴对称图形。

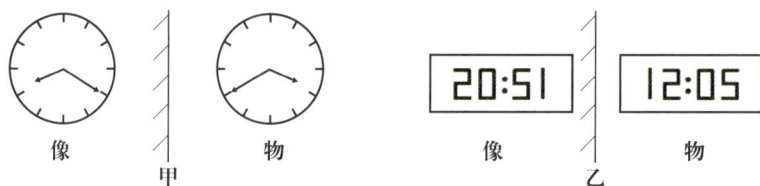

图3.5-9 平面镜对称示意图

活动三：利用两个平面镜观察物体

利用两个平面镜，当我们的眼睛在窗户下面时，也能看到窗外的景物。当两个平面镜与水平面分别成 30°、45°、60° 角时，观察窗外的景物，并利用光的反射规律完成下面的光路图。

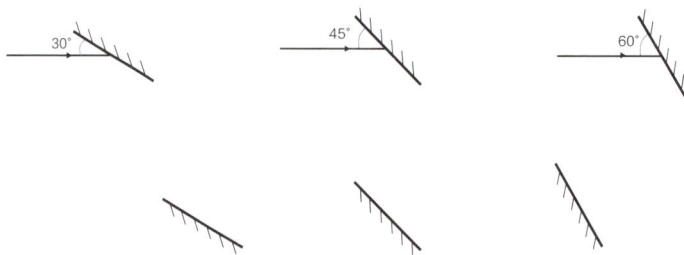

小组内进行讨论，当平面镜与水平面成多少度角时，更容易制作潜望镜？

潜望镜的外形大致如下图所示，根据所学的知识大胆猜测它的内部结构，补全它的原理图。

图3.5-10 潜望镜光路图

试着用这样简单的潜望镜观察窗外景物，看有哪些方面需要改进？（如携带不便、外界光线的干扰等）小组讨论出改进的方法或措施。

改进之处：

改进方法：

_____

3.建立模型

活动四：组装潜望镜

绘制潜望镜的模型图。

参考示例：

（1）准备材料

平面镜：两个大小完全相同的平面镜（长宽比大约是 1.4:1）。

硬纸板：宽度大于平面镜边长的 4 倍，长度适中，最好不透光。

粘合工具：双面胶，热熔枪。

（2）组装步骤

① 根据平面镜的宽度将硬纸板用记号笔四等分，如下图所示：

图3.5-11　硬纸板四等分示意图

② 将硬纸板裁切，虚线不能划透，带阴影的小正方形去掉，如下页图所示：

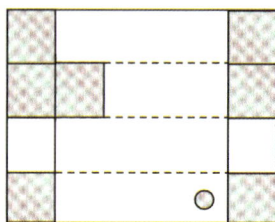

图 3.5-12　硬纸板裁剪示意图

③ 将硬纸板折成长方体，预留一面最后粘合，其他面粘合固定，注意做到不透光，如下图所示：

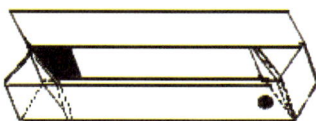

图 3.5-13　硬纸板立体组装图

④ 将两个平面镜与底边成 45° 角固定在长方体内后，再将活动的侧面粘合。

4. 测试优化

活动五：测试自制潜望镜的效果

利用自制潜望镜，观察近处和远处的景物时效果有什么不同？

_____

利用自制潜望镜，观察明亮和暗淡的景物时效果有什么不同？

_____

在测试过程中针对作品的不足之处和存在的问题进行交流讨论，找到改进方法，并对比改进前后的效果。

不足之处	改进措施	效果

没有最好只有更好！发挥聪明才智和集体力量，把最棒的作品呈现出来。

5. 拓展探究

活动六：制作伸缩潜望镜

参考示例：

（1）准备两张长方形硬纸板，其中一张的宽度比另一张略小 5mm。

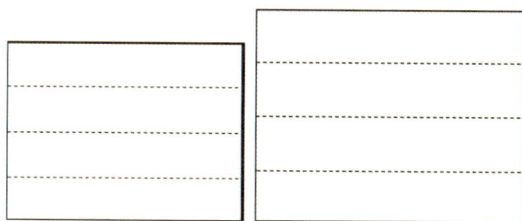

图3.5-14　不同大小的硬纸板四等分示意图

（2）参照活动四步骤②，将一张硬纸板裁成如左下图所示形状，另一张如法炮制裁成如右下图所示形状。

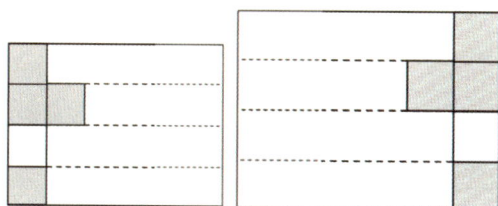

图3.5-15　不同大小的硬纸板裁剪示意图

（3）参照活动四步骤③中的方式进行折叠、粘合成纸筒。

（4）将平面镜固定到相应位置。

（5）将两个纸筒套在一起，确保镜面互相平行。

大功告成！试试伸缩潜望镜带来的乐趣吧！

教·学·反·思

本案例作为八年级物理第四章"光现象"的拓展，为学生进一步巩固所学光学知识，理解光的反射规律和平面镜成像提供有益的补充；为拓宽服务对象的范围，我们采用了符合学生认知规律的由易到难、由简到繁的编排顺序，以大家熟知的光的反射为线索，兼顾物理知识结构的体系设计活动任务，这样编排既符合学生认知规律，又保持了知识的结构性；同时，我们设计的这个案例不仅要服务于物理教学，更主要的是要培养学生的学习兴趣，体会跨学科实践活动带来的成就感，让学生学会发现生活中的物理问题，试着从科学、数学和艺术的视角去发现、分析和解决问题。

在教学实施过程中，我们的案例达到了部分设计目的，案例中的问题是我们今后努力的方向，通过教学实践进一步修正和完善。

1. 案例给学生带来的改变

（1）部分学生对光的反射的理解仅仅停留在记忆层次，经过自己动手制作潜望镜，对光的反射加深了理解，能独立完成光路图、列举生活中光的反射现象的实例；明白了潜望镜中两个平面镜为什么与水平面成 45°角。可见案例的实施过程就是学生对课本知识加深理解的过程，对课堂教学起到了有益的补充。

（2）在实践活动过程中，通过阅读案例和查阅相关资料，开阔了学生的视野，使他们知道了潜望镜的类型和用途，体会到物理知识与生活和科学的关系，对学生学习物理起到了应有的作用。学生许洪硕这样说："潜望镜常用于潜水艇、坑道和坦克内用以观察敌情，现在还将光纤潜望镜用于疏通管道。这次我在家中制作了简易的潜望镜，并通过潜望镜观察了许多东西，我收获良多，这次制作潜望镜让我更加喜欢物理了。"

在制作潜望镜的过程中，学生受益匪浅。例如：学生孙嘉颖开始就粗略地看一下这个实验的原理和操作过程，觉得自己已经学会了，但是在实验中动手制作时，感觉和想象中的有点不一样；做好后，她怀着忐忑的心情把潜望镜放在眼前观察，真的太神奇了！她看到了高处的东西，突然感觉自己每一步的努力都是值得的。这次实验带给她一个很大的收获："纸上得来终觉浅，绝知此事要躬行！"

2. 案例实施过程中存在的问题

（1）部分学生由于担心安全问题，导致动手能力较差，在裁剪纸板时，耗费很长时间才完成。课前给学生 1~2 课时的时间学习规范使用工具，提升学生的操作能力，为后面案例实施过程做好铺垫。

（2）还有一部分学生对作品不想进行美化和修改，尝到一点成功的甜头就停止不前。例如：有些学生用两个不同形状的平面镜制作成功后，本可以换成相同的平面镜更美观、更安全；有些同学在制作时，两个平面镜的角度不符合要求，导致视野范围受限，我们提出修改建议后，学生修改的意向不强烈；大约有 50% 的学生对伸缩式潜望镜的制作感兴趣，并能制作成功，这也说明学生的进取心有待提高。

在今后案例实施过程中，建议大家通过小组之间的评比或对抗，利用学生争强好胜的心理，提升学生进一步修改作品的热情。

（3）学生完成作品后，收获和感悟环节仅局限于知识和能力层面。我们应充分挖掘学生的潜力，引导学生说出在做中学到的还有哪些。例如：在测量时，用到学过的数学知识和数学工具；在组装潜望镜时，要有合理的步骤顺序，体验到图纸的重要性和思维的逻辑性；在对作品进行美化时，通过小组内的讨论和交流，提升自己的审美水平。

　　STEAM教学理念与课程标准中跨学科实践互相促进、互为补充，我们可以把日常的话题、小实验或社会热点等与物理紧密相关的情景素材作为研究对象，激发学生的学习热情，促进学生学以致用，养成良好学习习惯，提高学生团队意识、协作能力，提升学生在科学、数学、工程和艺术方面的素养。

学·习·收·获

　　物理实验，可以很好地培养我们的动手能力，经过这次实践，我深深地感悟到了物理的乐趣，家里最常见的东西一组装就可以做成一个潜望镜，这次实践使我对物理的兴趣更加浓厚了，这次潜望镜做得很开心，它教会我们要勤于思考，多动手，多动脑，这样才能制作出更有用的东西。

——高唐县时风中学学生　陈雅鑫

　　制作潜望镜，让我对实验进行了细致的观察、充分的思考和分析，既提高了自己的动手能力，也让我从中获得了知识。实验使我联想到了平时的所见，并很好地理解和掌握了，而且也记得更牢了，印象深刻，并能理解一些生活中常见的类似的生活现象。自己动手制作也能更好地调动学习物理的积极性。

——高唐县时风中学学生　李宸溪

专·家·点·评

　　"低瞻远瞩"是一个富有创意的STEAM课程项目，它从学生熟悉的真人CS游戏场景入手，引出潜望镜的设计任务，既符合学生的认知水平，又能启发学生的探究热情。在任务探究过程中，从史料分析、知识回顾、实验观察、模型建构、到实物制作、测试和完善，多项学习活动有效衔接、层层递进，实现了物理、数学、工程和艺术等多学科知识的深度融合，建立了知识与生活之间的关联，较好地发展了学生的工程思维、设计思维、艺术素养、合作精神和探究能力等数字时代的核心素养。

　　更为重要的是，课程开发者在实践中具体实施了该项目，并从学生学习的热情、探究主动性、课程实施的安全性、课时安排等多个方面进行了及时的反思，对未来课程项目的优化提出了有针对性的具体改进策略，为课程项目的持续优化奠定了基础。如果能在课程项目的具体实施过程中，与学生深度交流，揭示出一些学生作品改进意愿不强烈的具体原因，将会更加有利于课程的优化。

——聊城大学传媒技术学院教授、硕士生导师、博士 徐恩芹

（二）我主沉浮

——制作浮沉子

✎ 案例导读

游乐园又添了新项目，海底世界对外开放了！

梦幻水母宫让你步入蔚蓝色的梦幻世界，海水观光隧道让你身处浩瀚神奇的海底深处。你还知道哪些近距离交互体验的项目呢？

✎ STEAM目标

1. 了解生活中的浮沉现象，理解浮沉子的工作原理。

2. 掌握浮沉子的设计方法，体会工程和技术流程。

3. 学会使用常用工具，掌握浮沉子的制作过程。

4. 理解帕斯卡定律，掌握浮沉子上浮和下沉的操作方法。

5. 了解工程和色彩知识，能够利用工具美化浮沉子，挖掘学生的创新潜能。

✎ 适用年级

初中

✎ 建议课时

4~6 课时

✎ 材料清单

透明有盖饮料瓶、装口服液的小玻璃瓶（中号滴管／笔帽／吸管）、橡皮泥、回形针、

胶带、笔芯、火柴梗、细漆包线、试管、清水、剪刀

安全事项

1. 使用工具时，必须遵守相关要求，避免带来伤害。

2. 使用刀具时要注意安全，防止受伤。

学习流程

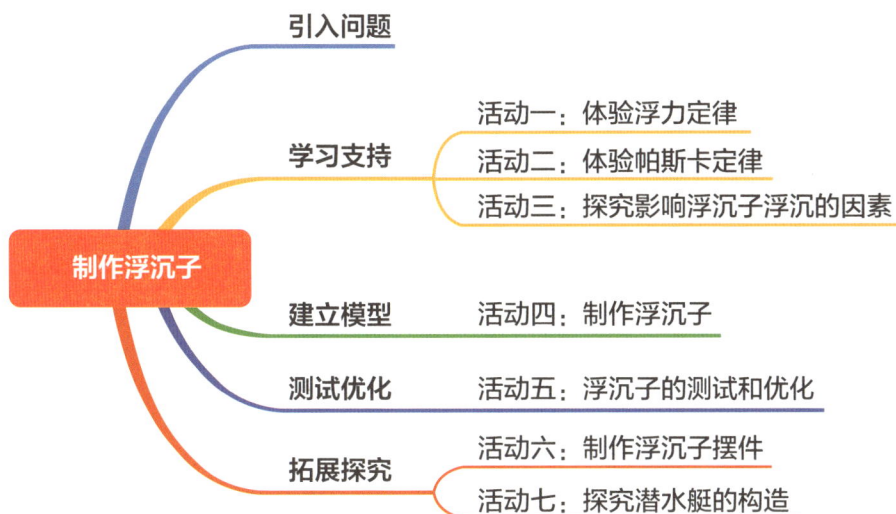

1. 引入问题

你坐过潜水艇吗？游乐场海底世界的潜水艇项目可以让你亲身体验一下海底世界的风光。那你知道潜水艇的工作原理吗？想不想尝试自己做一个潜水艇？

其实军用潜水艇、观光潜水艇和浮沉子原理相同，就让我们先做一个能自己控制浮沉的浮沉子吧！

图3.6-1　浮沉子模型

浮沉子，又名"浮沉玩偶""潜水娃娃"，是对既能上浮也能下沉的物体的一

种叫法。

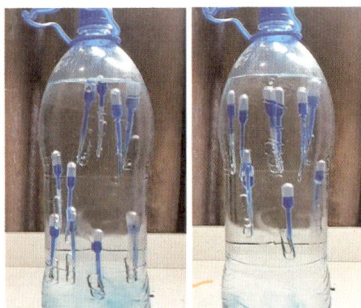

图3.6-2　浮沉子模型

浮沉子的制作并不复杂，用一个大饮料瓶和一个装口服液的小瓶子就可以做一个浮沉子，你想试一试吗？

2. 学习支持

要制作一个可升降的微型潜水艇，先要了解它的工作原理，我们一起来探究吧！

活动一：体验浮力定律

古希腊国王将鉴定皇冠真假的难题交给了阿基米德，阿基米德在浴室中偶然发现了浮力定律，即：浮力与物体的排水量（物体体积）有关，而不与物体重量有关。这个故事想必大家已经知道了吧，浮力定律到底有多神奇，请大家在实验中感受一下！

实验1：体验浮力定律（一）

实验器材：弹簧测力计（每小格0.5N）、砝码、大量杯、小量杯、清水。

图3.6-3　浮力定律的发现

图3.6-4　浮力定律实验图

（1）砝码入水前弹簧测力计的示数：_____

（2）砝码完全入水后弹簧测力计的示数：_____

（3）砝码入水后溢出水的重力：_____（溢出水的重力 = 总重力 – 杯的重力）

砝码入水前后，弹簧测力计的示数差和溢出水的重力有什么关系？由此你得出的结论是：_____

实验 2：体验浮力定律（二）

将实验 1 中的清水更换为浓盐水，重复实验 1 的步骤。

（1）砝码入水前弹簧测力计的示数：_____

（2）砝码完全入水后弹簧测力计的示数：_____

（3）砝码入水后溢出浓盐水的重力：_____（溢出水的重力 = 总重力 – 杯的重力）

通过对实验 1 和实验 2 相关数据的对比，你得出的结论是：

_____

提示：浸在液体（或气体）里的物体受到竖直向上的浮力作用，浮力的大小等于被该物体排开的液体（或气体）的重量。

活动二：体验帕斯卡定律

在游乐场，还有一个叫作"弹射飞人城堡"的项目，不知道你玩过没有？当后方的人从高处跳到充气包上时，前端的人就会应声飞起，落到海洋球池里。

图3.6-5　弹射飞人城堡

这是什么原理？

帕斯卡定律指出，不可压缩静止流体中任一点受外力产生压强增值后，此压强增值瞬时间传至静止流体各点。

在上述游戏中，体现的是气体压强的传递，更多的应用来自液体，比如千斤顶、汽车刹车系统等。

图3.6-6　气体压强的应用

活动三：探究影响浮沉子浮沉的因素

根据前述原理，我们对已经制作好的装置进行如下实验：

图3.6-7　自制浮沉子模型

实验1：用手挤压饮料瓶，看到的现象是：

_____

实验2：缓慢放开被挤压饮料瓶，看到的现象是：

_____

请依据实验1和实验2推测出现这种现象的原因：

_____

3. 建立模型

活动四：制作浮沉子

下面让我们发挥自己的聪明才智和团队的力量，选择合适的材料来制作一个属于自己的微型潜水艇装置——浮沉子吧！

参考示例一：

（1）找一个大饮料瓶、一根吸管和几个曲别针，先把大饮料瓶装满水，静置一边。

剪下一段吸管，长度在 8cm 左右，将其对折，用几个曲别针卡在吸管两端。浮沉子就完成了。

（2）将浮沉子放入装满水的大饮料瓶中，使其恰能悬浮于水中。

（3）扣紧瓶盖，轻按瓶身，你会发现浮沉子往下移动；松开手，浮沉子又会向上移动；当用力恰当时，浮沉子会悬浮于瓶体中央。

图3.6-8 自制浮沉子模型

参考示例二：

（1）找一个大饮料瓶、一个胶头滴管，先把大饮料瓶装满水，静置一边。在胶头滴管中吸入适量的水，放入装满水的大饮料瓶中，使其恰好能悬浮（用手轻点滴管的橡皮头，滴管即会沉入水中，后又缓缓浮上），这个用胶头滴管做的浮沉子就做好了。

（2）将放入滴管的大塑料瓶盖紧瓶盖（尽量做到不漏气）。

（3）用力挤压塑料瓶，可看到滴管下沉。撤去压力，可看到滴管上浮。用力得当，可使滴管停止在水中某一位置。

注意：瓶中的水尽量装得满一些，残留的气体越少，实验效果越好。

图3.6-9 自制浮沉子模型

参考示例三：

（1）选用顶端完全封闭的笔帽，用一块小橡皮泥包住铅笔的笔芯后，塞住笔帽口。

抽出笔芯后，会留下一个小孔，控制水的进出，便于调整浮沉子的重量。

（2）调整浮沉子的重量（增减笔芯内的水量，或增减橡皮泥的量），使浮沉子只浮出水面一点点。

（3）用力挤压塑料瓶，可看到笔帽下沉；撤去压力，可看到笔帽上浮；用力得当，可使笔帽停止在水中某一位置。

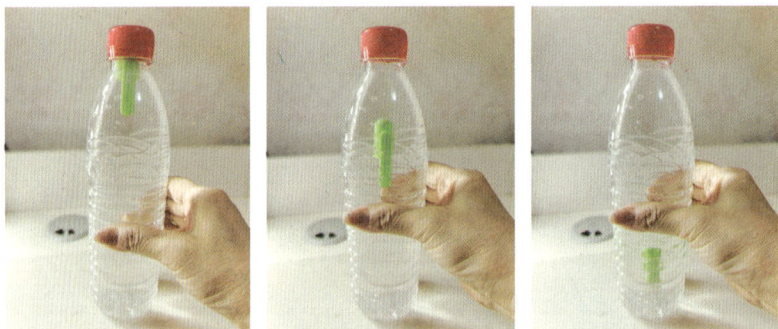

图3.6-10　自制浮沉子模型

参考示例四：

（1）取一个试管，盛满水，静置一边，拿几根火柴梗，在其一端均匀缠绕一小段细漆包线。调节漆包线的位置，当把火柴梗放入装满水的试管中时，使火柴梗恰能竖直悬浮在水面附近。

（2）用拇指完全按住试管口，拇指和试管内水面间不留空隙。当用拇指向下压时，火柴梗就会下沉；减少拇指压力，火柴梗又会徐徐上升。

注意：最好选用木质火柴梗，因木质是多孔的，其中所附空气的体积会随拇指对水的外加压强变化而变化，从而成为一个简易的浮沉子。

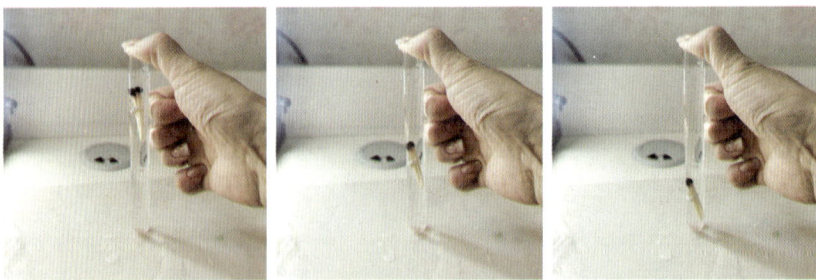

图3.6-11　自制浮沉子模型

参考示例五：

（1）找一个大饮料瓶和一个装口服液的小瓶，先把大饮料瓶装满水，静置一边。

在小瓶里装大约半瓶水，记下小瓶里的水量（因为几乎不可能一次成功，方便失败后调整）。

（2）把装过水的小瓶瓶口用食指堵上，倒扣进大饮料瓶，注意别让小瓶里的水漏出来。

（3）拧紧大饮料瓶盖子，捏饮料瓶，如果不下去说明小瓶里水少了，如果下去不上来说明水多了。

图3.6-12　自制浮沉子模型

（4）根据第三步的现象调整水量，直至小瓶恰好能悬浮在水中。

利用你制作的浮沉子，按照下表进行探究并做好记录。

对瓶子施加力	外部压力	浮沉子重力	所受浮力重力比较	浮沉子状态
挤压	大	□增大□减小	浮力 _____ 重力	□上浮 □下沉□悬浮
	小	□增大□减小	浮力 _____ 重力	□上浮 □下沉□悬浮
放松	大	□增大□减小	浮力 _____ 重力	□上浮 □下沉□悬浮
	小	□增大□减小	浮力 _____ 重力	□上浮 □下沉□悬浮
停止	大	□增大□减小	浮力 _____ 重力	□上浮 □下沉□悬浮
	小	□增大□减小	浮力 _____ 重力	□上浮 □下沉□悬浮

通过上表情况，可以得出以下结论：

当用手 _____ 饮料瓶时，浮沉子里面的空气同时被 _____ 压缩，导致部分水进入浮沉子，整体排水量 _____，所受浮力 _____，此时浮沉子下降。

当缓慢 _____ 被挤压饮料瓶时，浮沉子里面被 _____ 的空气把水压出来，此时排水体积 _____，浮沉子的重力 _____ 它所受的 _____，因此它就向上浮。

浮沉子实验形式多样。一般都是通过 _____ 的变化，改变浮沉子 _____ 的体积，从而达到控制其沉浮的目的。

4. 测试优化

活动五：浮沉子的测试和优化

测试一下你用不同方法做的浮沉子，看看怎样做能使它们更灵活、更美观？

浮沉子的测试报告

第 _____ 小组

	浮沉子（材料）	配重（大或中或小）	挤压方式（挤或压）	实验效果（明显或不明显）	改进方法
实验器材					
第一次					
第二次					
第三次					

5、拓展探究

活动六：制作浮沉子摆件

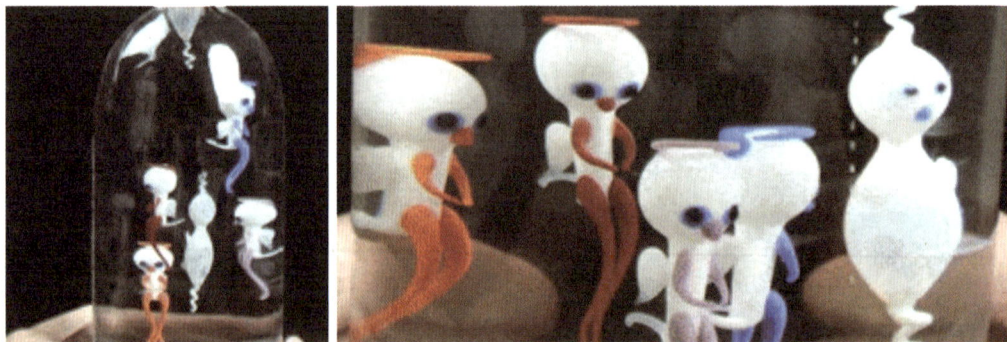

图3.6-13　奇异造型的浮沉子摆件

活动提示：

（1）确定设计摆件的主题。

（2）选择合适的材料。

（3）设计合理的密封方法和按压控制方法。

活动七：探究潜水艇的构造

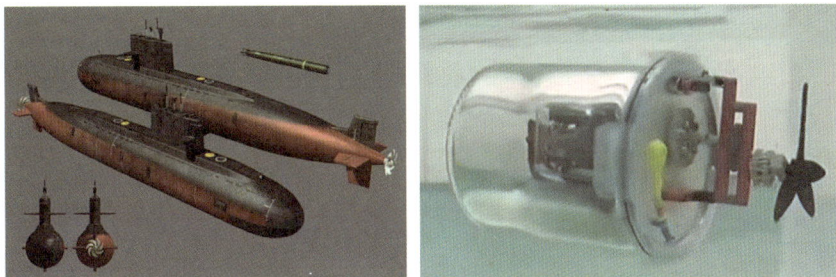

图3.6-14 潜水艇构造图

活动提示：

（1）根据上图潜水艇的构造图，讨论分析潜水艇上浮和下沉的控制原理。

（2）利用学过的物理知识画出左图浮沉的原理图。

（3）分析右图中进出水装置的工作原理。

（4）分析潜水艇中"水箱"设计在什么位置有利于保持其稳定性。

教·学·反·思

随着时代的发展，STEAM 教学理念逐渐融合到教学实践中，教学中正确应用 STEAM 教学理念，可以很好地激发学生学习知识的热情，提高学生的自主学习能力，提高课堂教学效率和教学质量。

本课例以初中物理"阿基米德原理"为基础，基于现实问题情境，引导学生思考生活中的物理现象以及运用到的科学原理。利用简单的实验设计、操作、改进、实验反思等手段，通过系列活动逐步渗透科学、技术、工程、艺术和数学等方面的素养。

通过本节课的教学和学生的实践，有以下几点感悟。

（1）理解 STEAM 教学理念，创设教学情境非常关键

俗话说得好，"兴趣是最好的老师"。随着新课改的不断深入，在不同阶段的教学活动中，教师都要对教学理念进行改革和创新，在教学活动中灵活运用多种教学方式相结合进行教学。新课改中教师不再是课堂的主导者，以单一的教学方法向学生机械地灌输知识点。在教学中，教师的目标定位能有效提升学生的思维能力和想象能力，

进而提高教学质量和教学效率。

学生有很强的求知欲和好奇心，教师如何把握利用好学生的好奇心和求知欲，是学好本课的前提。在本课程的导入环节，构建学生感兴趣的多元化的教学情境，营造轻松和谐的课堂氛围，发挥学生的主观能动性，有利于提高学生的课堂参与度。本节游乐园潜水项目的教学情境与中学生的兴趣点充分契合，将学生的注意力紧紧吸引到课堂上，再通过教师的引导，学生主动模仿并练习教师操作浮沉子的流程，在动手操作的过程中养成良好的思考习惯，丰富了学生的学科知识和经验积累。

（2）应用 STEAM 教学理念，让学生在做中学是重中之重

STEAM 教学理念不仅表现在课堂教学中，还体现在学生实践中，在《我主沉浮》教学实践中，学生通过利用口服液和饮料瓶做器材，瓶子的大小的选择，水量的多少的控制，都需要反复实验、矫正，最后才能实现顺利上浮下潜，学生在看似简单的实验中，经过试错、调试和改进，实践中再实践，磨炼他们的意志，培养他们的耐心和细心的优良品质，同时也锻炼学生的动手能力，还提高了他们的思维水平。

在教学中，学生理解 STEAM 教学理念，就可以触类旁通地开发新的学习资源，对教学内容进行拓展，充实并丰富教学和学习内容。本节教师利用 STEAM 教学理念引导学生探索浮沉子的原理，通过实践，学生理解了浮沉子中蕴含的 STEAM 理念，自发地将一些教学资源整合并采取废物利用等方式，制作了曲别针浮沉子、笔帽浮沉子、吸管浮沉子……STEAM 教学理念的应用丰富并充实了本节课程的内容，教学内容不再局限于表面的知识，而是可以将拓展知识融合到教材中。

通过课堂实践，发现还有以下几点需要着重研究探讨和改进教法。

（1）帕斯卡定律的理解问题。学生对帕斯卡定律不是很理解，还有一少部分学生不理解液体压强的传递，特别是对不可压缩静止流体中任一点受外力产生压强增值后，此压强增值瞬间传至静止流体各点不能很好地理解。静态的配图不利于学生很好地理解，建议采用动态模型法，应该能有所突破。

（2）浮沉子配重的问题。浮沉子上浮和下潜的原理，其实是重力和浮力的关系问题。学生首先要清楚悬浮的物体是浮力等于重力的物体在液体中才能悬浮（也就是浮沉子的平均密度等于液体的密度），制作浮沉子时考虑到浮沉子的浮力与重力和配重的关系，举实例让学生亲手做一做，效果应该会好一些，应该还是实践出真知。

（3）艺术视角的呈现问题。制作浮沉子中，感觉只有在做浮沉子摆件时才考虑到

美观问题，其实反思整个过程，这里的艺术不仅是美观，而是一种更广泛的人文艺术范畴，它包括设计方案的简捷，整体操作的流程，以及表达的流畅和易于接受等，都属于 STEAM 中艺术的范畴。

　　本节应用 STEAM 教学理念，涵盖了多元化的知识，营造了轻松愉悦的课堂氛围、构建了立体的教学模式。帮助学生更好地理解和认识客观世界，并能将这些理解和认识实际应用到日常生活中，提升学生的思维能力和想象能力。

学·习·收·获

　　在实验之前，我们要做好预习，通过实验手册，得知本次实验的目的、原理、所需仪器、实验步骤、实验中的要求及注意事项等问题。只有在实验前认真做好预习，在做实验时才会很有目的地去做操作，而不是手足无措。在实验中不断改进，寻求突破；在生活中乐于实践，获得收获，成长自我。

——高唐县时风中学学生　刘文硕

　　开始进行实验的时候遇到了许多困难，让我明白从理论到实践的这个过程并不像想象的那样简单，开始就不断地遇到问题和困难，这样能更好地锻炼我的思维，努力把理论和实践结合起来。在实验过程中，经过一次次的思考，一遍遍的调整，终于成功完成了实验，那一刻，我尝到了胜利的喜悦。

——高唐县时风中学学生　董艳洋

专·家·点·评

　　项目式学习案例《我主沉浮》以生活中的物体浮沉现象为主题，综合运用物理学科中的浮力、重力、液体压强等相关知识，引导学生通过动手实验，体验、感受物理知识、工程实践及数学知识在生活中的综合应用，这个案例具有一定的生活性，但实际操作存在一定难度，需要进行多次科学实验。具体而言，本案例具有以下几个特点。

　　（1）真实生活情境创设，问题导入案例。STEAM 教育强调在真实的任务情境中学习，强调学生在动手实践中研究性学习。本案例从人们生活中常见的潜水艇的上浮、下沉引入，但对于潜水艇学生虽然听得多，但很少有人见过真实的潜水艇，离学生的生活实际稍远，但与潜水艇工作原理一致的浮沉子是大家常见的事物，本案例通过各种浮沉子的制作，探究浮沉子的工作原理，进而得到潜水艇的工作原理。

（2）活动目标明确，根据目标寻理、实践、探索。学习目标的制定综合考虑了物理、工程、数学等学科的有机融合，既关注了学生浮力、重力、压强等相关物理知识的获取与应用，又关注了学生动手实践能力的培养，动手实践本身就是创造力的培养，同时，学生在动手实践中进行反思、总结，及时总结实践所得，批判性反思能力也在逐步提高。学生在实践中体验工程与物理知识与生活的联系，增强学生的学习兴趣，提高学生的关键能力，发展学生的核心素养。

（3）整个案例充分发挥学生主体地位，分层活动步步深入。本案例采取问题导入—原理体验活动（体验浮力定律、体验帕斯卡定律）—制作浮沉子实践（5个不同类型的浮沉子制作）—探究影响浮沉子浮沉的因素—浮沉子的测试和优化—拓展活动（美化浮沉子、潜水艇升降原理探究），每个活动中，又由实践操作和原理分析两部分组成，引导学生进行实践、反思总结的科学研究方法的应用。

（4）案例活动贴近学生生活实际，可操作性强。制作浮沉子的5个参考示例，所用物品学生都可以从生活实际中找到。虽然案例看似简单，但需要多次的调整、反思、总结、修正才能够实验成功。在实验中可以锻炼学生克服困难的毅力，真正通过动手实践解决生活中的实际问题，解决遇到的问题实际上就是学生创新能力的培养。

——全国优秀教师、齐鲁名师、山东省教学能手，济南高新区第一中学校长

（三）妙手生电

——制作抽拉式发电机

案例导读

每当夜晚来临，华灯初上，游乐园内就会上演流光溢彩的视觉盛宴，原来是正在举办灯光秀活动。聪明的你有没有想过让电灯亮起来的电是从哪里来的？

图3.7-1 流光溢彩的灯光秀

STEAM目标

1. 理解发电机的工作原理。

2. 理解线圈匝数、磁场强度与电流的关系。

3. 学会分析不同情况下磁铁的磁感线情况。

4. 了解中国古代玩具核桃车的原理，体会中国传统文化的魅力。

5. 掌握微型发电机做支架、绕线圈、粘磁铁、连线路的制作过程。

6. 体会"提出问题—设计方案—制作—测试—优化"的工程技术流程。

适用年级

初中

建议课时

4~6 课时

材料清单

电流表、磁铁、漆包线、灯珠、纸板、热熔胶、尺、刀、瓶盖、绳、钢钉

安全事项

使用工具时，必须遵守相关要求，避免因此带来的伤害

学习流程

引入问题

学习支持
- 活动一：探究磁铁的磁性
- 活动二：探究导线切割磁力线的方式
- 活动三：探究线圈匝数、磁铁强度与电流的关系
- 活动四：制作抽拉驱动的风车

制作抽拉式发电机

建立模型
- 活动五：制作抽拉式发电机

测试优化
- 活动六：填写评价量表

拓展探究
- 活动七：制作手摇式自发电手电筒
- 活动八：制作能发电的鞋

1. 引入问题

产生电的方式有多种，比如火力发电、风力发电、水力发电等。电力已经成为国民经济发展最重要的基础产业。

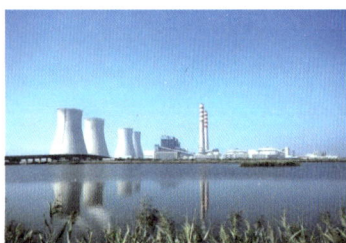  

图3.7-2　火力发电　　　　图3.7-3　风力发电　　　　图3.7-4　水力发电

这几种发电方式都会用到一个非常关键的设备——发电机。想不想探究一下发电机的工作原理？想不想亲手制作一台微型发电机？

2. 学习支持

想要制作一台发电机，必须要了解电流产生的原理，下面就一步步向着我们的目标前进吧！

活动一：探究磁铁的磁性

常见的磁铁有条形磁铁和蹄形磁铁，它们有 N 和 S 两个磁极，磁铁周围的磁场情况是怎样的？磁感线又是怎么回事？你能回忆起物理课本上关于磁场、磁感

线的相关知识吗？

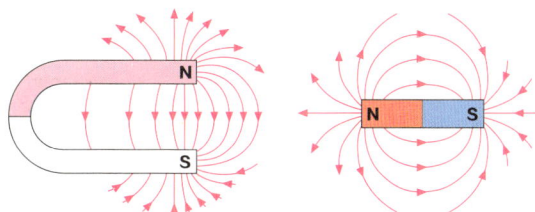

图3.7-5　磁场示意图

如果将两块条形磁铁并排摆放，会出现什么现象？请你动手试一下，观察现象并分析原因。

现象：_____

原因：_____

下图是两块条形磁铁的不同组合，用热熔胶粘合在一起，你能画出这两种情况的磁感线吗？

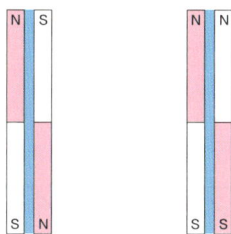

图3.7-6　不同形态的磁铁

活动二：探究导线切割磁力线的方式

实验1：回顾教材中闭合电路中导体切割蹄形磁铁磁感线的演示实验，动手操作一下，体验导体在磁场中不同运行方向和不同切割速度下电流表显示的电流方向和大小有什么不同。

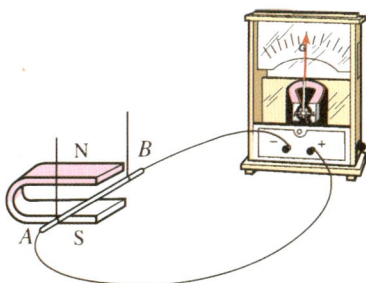

图3.7-7　实验模拟图　　图3.7-8　实验模拟图

通过实验，你得到的结论是：_____

_____

实验2：闭合电路中，导体沿着与原来相反方向对磁感线切割可以产生反方向的电流，持续有规律地进行这种动作而产生的电流就是交流电。回顾教材内容，探究交流发电机原理图，对导体切割磁感线的情况进行分析。

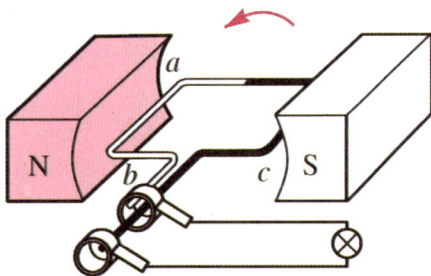

（1）在右图中画出磁极间的磁感线。

图3.7-9　实验模拟图　交流发电机原理图

（2）通过对线圈切割磁感线的分析可知，当线圈到达_____位置时，电流方向开始发生改变。

实验3：根据活动一中对两块并列放置的条形磁铁间磁感线的分析，是否可以让导线完成对这个磁铁组的磁感线进行切割呢？

（1）设计如下图所示的结构，磁铁沿箭头方向转动，试完成对两种磁铁组合情况的分析。

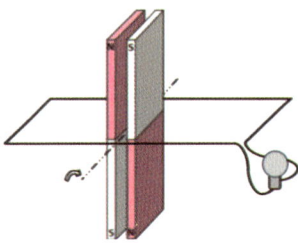

图3.7-10　磁铁组合1　　　　　　图3.7-11　磁铁组合2

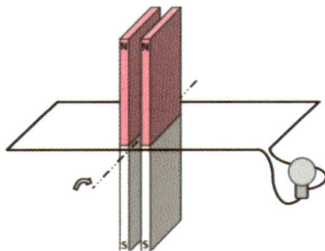

① 两种磁铁组合，更合理的是 _____

原因：_____

② 请标出主要是哪两条线在切割磁感线。

（2）如果将上面的模型转化成实际的结构，请思考以下问题。

① 如果只有一匝线圈能否产生明显的电流？

_____

② 两块磁铁中间加一个转轴后，如何将它们固定在一起？

_____

③ 把这个线圈缠绕在什么结构的支架上更方便磁铁转动时切割磁感线？

_____

④ 如何驱动磁铁转动？

_____

活动三：探究线圈匝数、磁铁强度与电流的关系

为探究线圈匝数、磁铁强度与电流的关系，请对活动二的实验 1 中线圈匝数、磁铁强度、线圈移动速度等要素进行变化，填写下表。

线圈匝数	磁性强弱	移动速度	瞬间最大电流（μA）
1	强	快	
		慢	
	弱	快	
		慢	
10	强	快	
		慢	
	弱	快	
		慢	
50	强	快	
		慢	
	弱	快	
		慢	

通过上面实验结果，你得到的结论是：_____

_____

活动四：制作抽拉驱动的风车

为了解决两个并排的条形磁铁转动的驱动问题，我们在实践中将采用抽拉式驱动方式。这种方式其实在一款中国传统玩具——核桃风车中已经使用了上千年。

在这里，我们通过使用饮料瓶盖代替核桃完成瓶盖风车的制作过程，了解制动原理，体验抽拉驱动。

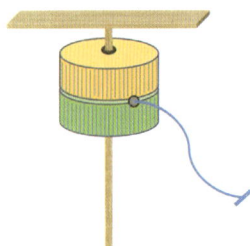

图3.7-12　瓶盖风车（1）　　　图3.7-13　瓶盖风车（2）

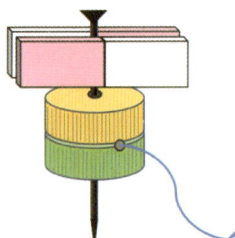

参考示例：

（1）为体验传统制作工艺和驱动实验的不同，T型转动装置中的横板和立轴分别采用两种不同的材料进行制作：瓶盖风车（1）使用雪糕木柄和竹签；瓶盖风车（2）使用两块条形磁铁和长铁钉（二者均需要使用热熔胶粘牢）。

（2）实验中，分别在两个饮料瓶盖中央打孔。

（3）将立轴穿入两个瓶盖，在两个瓶盖之间系牢绳子（最好用热熔胶粘牢）。

（4）在两个瓶盖结合处打孔，然后用热熔胶将两个瓶盖粘牢。

（5）用手转动立轴，将线缠绕在立轴上。

（6）左手持瓶盖，右手拉动绳子，然后放松，等绳子反向旋入瓶盖后拉出，如此反复。

问题反思：

（1）T型装置中木片或磁铁的作用是什么？

_____

（2）两个T型装置的不同材料组合有什么道理？

_____

（3）对中国传统技艺的应用和创新，你有什么想法？

_____

3. 建立模型

通过上面的学习，我们知道了发电机的工作原理，下面我们就动手自己制作一个简易的发电机吧！

活动五：制作抽拉式发电机

发电机是使用交变磁场通过线路产生电流的设备。我们需要做的就是创建一个简单的框架来固定电线和磁铁，缠绕电线，将其连接到电气设备，然后将磁铁粘在旋转轴上。通过转动磁铁产生电流，点亮小灯珠。

参考示例：

步骤 1：用纸板或者木板做一个简单发电机的框架和支撑。

使用尺子测量 8cm×30.4cm（图 3.7-14）的纸板条。用剪刀或美工刀裁下（图 3.7-15）。将这个单件折叠成方框框架（图 3.7-16），用来支撑发电机核心。

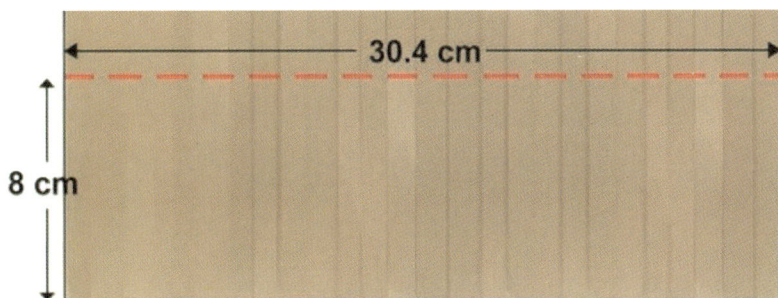

图3.7-14 裁切纸板

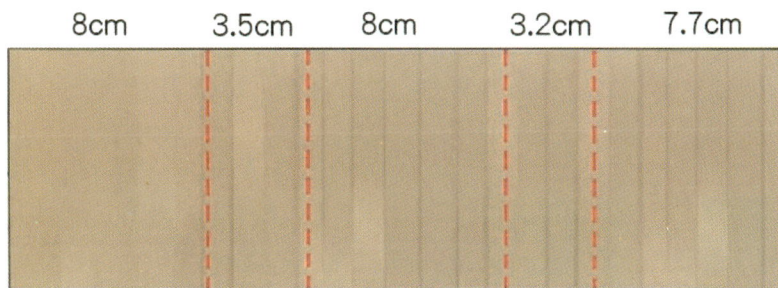

图3.7-15 标识纸板折叠辅助线

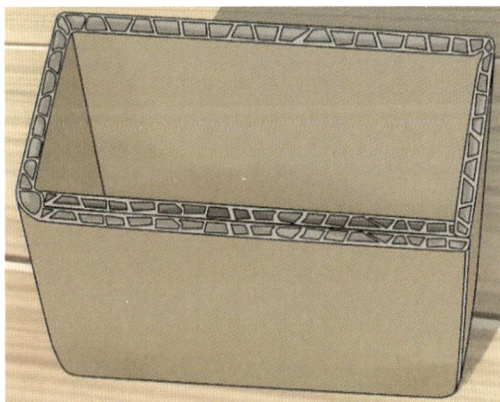

图3.7-16 折叠后的效果图

步骤2：将金属轴穿过支撑框架。

在纸板框架的宽面上确定中心位置并打孔，将金属轴穿过3层纸板的中心（图3.7-17）从另一侧露出（为方便操作，我们可以直接使用打孔的钉子当作轴），确保金属轴可以灵活转动。

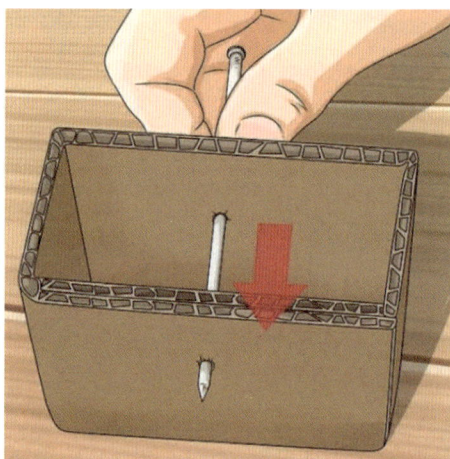

图3.7-17　安装金属轴

步骤3：制作线圈。

用漆包铜线缠绕在纸板箱的外表面，尽可能紧地缠绕多圈。将两头留出来（图3.7-18），以连接到电流表、小灯珠或其他电子器件。

图3.7-18　缠绕线圈并预留接线

步骤4：将磁铁粘在金属轴上。

使两个磁铁的N极相邻，用热熔胶将两块磁铁固定在轴上（图3.7-19）。用手指转动轴（图3.7-20），查看磁铁的末端是否碰到框架内壁。

提示：为确保效果，应尽可能靠近框架的内壁（铜线绕组）。

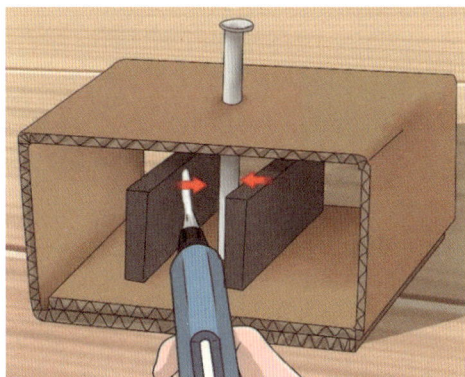

图3.7-19　固定磁铁

图3.7-20　旋转调试磁铁组件

步骤5：将线圈的两条线与小灯珠或发光二极管连接起来，完成简易发电机的制作。（图3.7-21）。

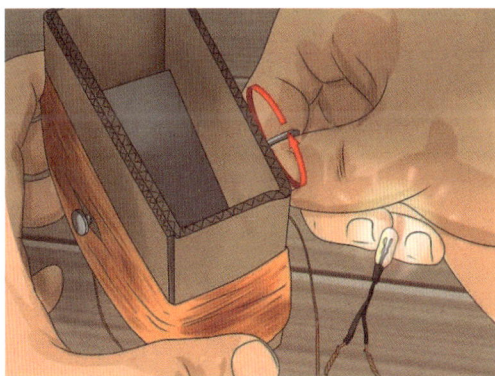

图3.7-21　安装抽拉装置

步骤6：利用抽拉驱动的风车制作原理，在轴的末端缠绕一根绳子（用热熔胶固定），先缠绕到轴上，然后用力拉动它就可以转动磁铁（通过惯性可以往复拉动绳子），灯珠就会被点亮。

抽拉式发电机制作完成。

提示：如果想要发电机功率更大，可缠绕更多圈数、放置更强的磁铁。

4.测试优化

活动六：填写评价量表

抽拉式发电机测试报告

第 _____ 小组

	线圈支架的稳固性	磁铁强度	线圈匝数	拉绳力度	实验效果	改进方法
第1次						
第2次						
第3次						

5.拓展探究

发电机发电的原理是一样的，但切割磁感线的形式可以变化万千。有人想到通过晃动或脚踏的方式发电，你能理解他们的设计初衷吗？

活动七：制作手摇式自发电手电筒

手摇式自发电手电筒，是一种通过手握电筒沿拳心方向上下或前后晃动而自动发电的装置，其结构图如下所示：

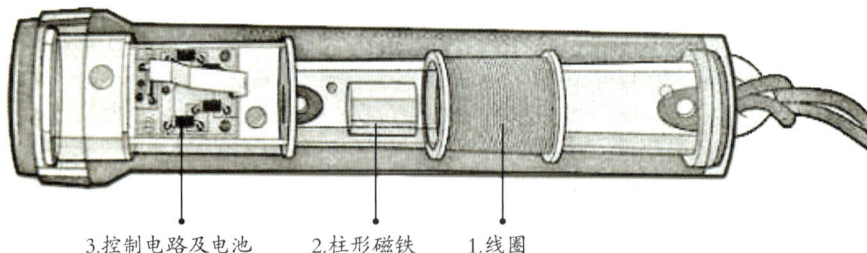

3.控制电路及电池　　2.柱形磁铁　　1.线圈

图3.7-22　手摇式自发手电筒原理图

参考实例：

（1）手电筒结构包括外壳、发光二极管、一块可充电电池，以及由圆柱形磁铁和线圈组成的发电装置。

（2）当摇动手电筒时，磁铁在线圈里滑动，磁铁和线圈产生相对运动，切割磁感线产生电流，给镍铬电池充电。

（3）本探究活动可参照实践探究活动一的制作方法，使用纸板代替手电筒外壳进行简易设计。

活动八：制作能发电的鞋

能发电的鞋，是一种安装在鞋底并通过走路时脚踩的方式进行发电的装置，其结构图如下所示：

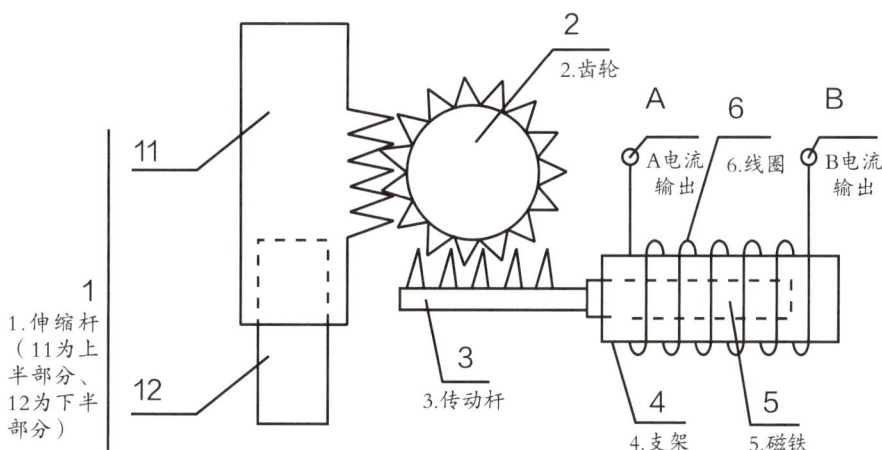

图3.7-23　能发电的鞋原理示意图

参考实例：

（1）脚踏式发电装置设在鞋底内部的空腔内，通过伸缩杆、齿轮和传动杆，将竖直方向上的运动转换为水平方向上的往复运动，从而带动磁铁在线圈中来回运动进行电磁感应产生交流电。

（2）可将照明装置安装在鞋尖位置，应用于野外作业环境中。

（3）因装置复杂，需安装在有较厚鞋底的鞋中。

教·学·反·思

《妙手生电》这一案例引入问题时，运用逆向思维：电能生磁，磁能否产生电。然后设计系列活动，从简单的磁知识入手，层层递进，引导学生学习磁感线，探究产生电流的条件，再运用控制变量法探究电流与线圈匝数和磁场强度的关系，最后得出发电机的工作原理。这种逻辑顺序不仅有助于学生理解电磁感应现象和发电机能够发电的原因，还为学生将来到高中学习电磁感应提供感性基础。

同时，项目式学习过程中，有利于STEAM教育理念的渗透。通过案例中的实验，让学生进行相应的方案设计，并且按照实验步骤付诸于实践，从中体会工程设计理念；通过探究性实验，对实验数据进行收集和整理，分析得出电流与线圈匝数和磁场强度的关系来体现学生的数学素养；通过测试优化环节，体会艺术素养在活动中的重要性。

1. 教学过程中，通过开展系列活动对案例进行反思和总结

（1）加深学生对磁感线的认识。磁感线是假想的曲线，是为描绘磁场分布引入的物理模型，但学生容易对磁感线有两个误区，一是磁感线真实存在，二是磁体间通过磁感线产生相互作用。在活动一中，通过对磁感线的再认识、复述，和将两个磁体相互靠近，消除学生认识上的误区。

（2）改变学生的思维方式。教材中仅仅是导体在磁场中切割磁感线，学生想当然地认为发电机就是线圈在磁场中切割磁感线，而活动中固定线圈不动，让两块磁体旋转，这样同样可以切割磁感线，与生活中的发电机的方式相同。

（3）探究线圈匝数、磁场强度与电流的关系，是对教材的有益补充和拓展延伸。教材中对于发电机的工作原理局限于能产生感应电流，对于感应电流大小与哪些因素有关并未涉及，通过活动的开展，学生不仅知道影响电流大小的因素，还能学会运用控制变量法去探究，进一步加深学生对电磁感应的理解提高探究能力。

2. 为进一步做好案例的实施，以下环节需要有待改进

（1）认真做好课前准备。课前准备并不是简单地进行知识的学习、方案的设计，而是要进行多方面的准备，包括在物质上的准备，特别是与STEAM教育理念相关的教学工具和资源的准备。例如本案例中，为更好理解抽拉式发电机，有了解中国古代玩具核桃车的环节，本环节还有让学生体会中国传统文化智慧的意图，可学生要么忽略这一环节，要么仅仅了解这一环节，不会动手制作抽拉驱动风车。

（2）布置优化作业，创新改进作品。作品的测试与优化环节仅用课堂时间是不够的，这就需要教师布置灵活的优化作业，可以是优化思路，可以是融入STEAM教育理念的增强作品艺术性作业。本案例中，我们充分发挥学生的潜能，让学生以小组为单位，可以对本节作品更好地优化，还可以设计不同驱动形式的发电机。

（3）提高教师自身素质和能力。教师不仅需要对整个初中阶段的学习具有整体性把握，而且还要具有知识的前瞻性及较好的综合素质。比如物理教师既要物理教的得法，还要会设计项目化学习活动，更要具备一定的编程能力和审美水平。否则，在教学实施过程中，课时安排和教学进度有可能会成为阻碍教学的主要因素，而教师水平会将教学实施变得单调，不能提升学生的综合素质和能力。

学·习·收·获

通过本次实验，我认识到：只有将理论知识和实践结合起来，才能提高自己的学习能力，并且从中培养独立思考的习惯，学会勇于克服困难。

——高唐县时风中学学生　杨雨菲

经过这个实验的学习和实践让我受益匪浅。我一开始就粗略地看了一下这个实验的原理和操作过程觉得自己已经学会了，但是我在实验中动手制作时，感觉和我想象中的有点不一样，但在这个过程中我也有认真仔细地做好每一步。这一次实验带给我一个很大的收获："纸上得来终觉浅，绝知此事要躬行！"

——高唐县时风中学学生　孙嘉颖

专·家·点·评

《妙手生电》STEAM 课程项目问题来源于真实的生活情境，具有现实意义，问题的解释与解决需要综合多个学科的知识、技能和思维方式，具有较强的挑战性。

《妙手生电》STEAM 课程项目在探究性过程设计上，一是注重为学生提供思维支架和任务支架。通过示范、指导方式，为学生提供解决问题的思维方式，提供思维工具，帮助学生像"专家一样思考"。为了帮助学生更好地完成项目，教师将总的项目分解为若干个子项目，从而帮助学生以"小步子"逐步迈向项目目标，最终完成项目的学习。二是注重合作问题解决，既关注学生的认知发展，也关注学生的社交发展，在对项目任务和进度进行分析、解构和安排的充分讨论过程中，协作完成问题解决。三是注重多元性评价。基于"教—学—评"一致性理念，引入自我评价和同伴评价，运用作品评价表、个人反思表、项目进度表等评价工具进行全程评价，有效地促进了学生的真实发展。

《妙手生电》STEAM 课程项目实施促进了学生学习核心知识，锻炼了学生高阶思维能力，更丰盈了学生的情感态度价值观。

——聊城市东昌府区教育科学研究中心负责人、二级正高级教师、特级教师

（四）旋转乾坤

——制作电动机工艺品

案例导读

　　游乐园里，最吸引人的莫过于摩天轮了。在电动机的作用下，摩天轮会缓缓转动，我们坐在里面俯视着美丽的城市，感受着生活的美好。在生活中，有很多电器给我们带来便捷。比如电动车、电动牙刷、电动风扇、吹风机等。这其中，电动机是核心部件，它的作用是将电能转化为机械能。

图3.8-1　摩天轮　　　　图3.8-2　电动风扇　　　图3.8-3　吹风机

STEAM目标

　　1. 掌握人类认识自然世界中客观规律的方法。

　　2. 知道电流的磁效应，能够理解电动机的原理。

　　3. 知道电磁场强弱与电流、线圈匝数的关系。

　　4. 从工程的角度，熟悉一般工艺品设计的过程。

　　5. 从艺术的角度，学会装饰作品，增加其观赏性。

适用年级

初中

建议课时

4~6 课时

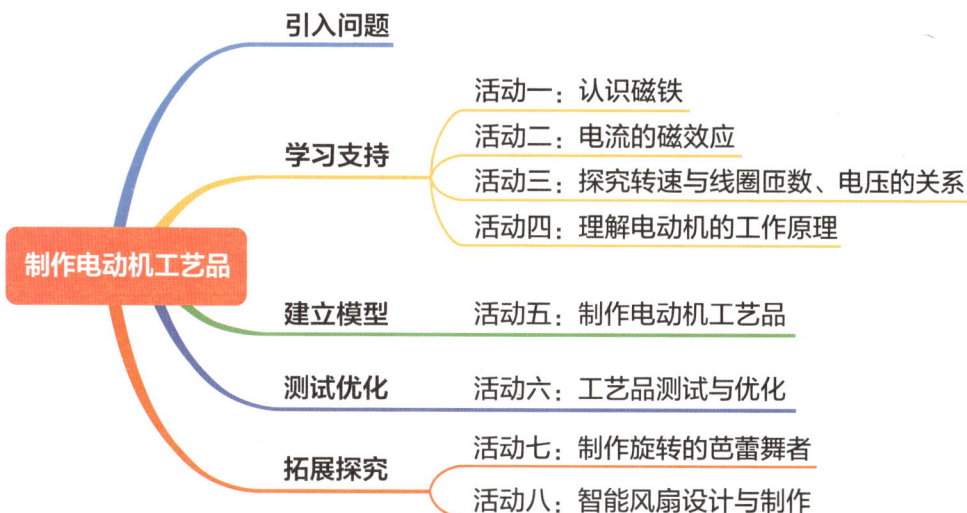

材料清单

干电池、强磁铁、尖嘴钳、导线、漆包线、变阻器、回形针、胶带、纸、圆规、马克笔、小电机、小风扇叶、温湿度传感器、掌控板、计算机等

安全事项

使用尖嘴钳时，注意不要伤到手

学习流程

制作电动机工艺品

引入问题

学习支持
- 活动一：认识磁铁
- 活动二：电流的磁效应
- 活动三：探究转速与线圈匝数、电压的关系
- 活动四：理解电动机的工作原理

建立模型
- 活动五：制作电动机工艺品

测试优化
- 活动六：工艺品测试与优化

拓展探究
- 活动七：制作旋转的芭蕾舞者
- 活动八：智能风扇设计与制作

1. 引入问题

人类对电、磁现象已有数千年的研究历史。最初人类认为电和磁之间没有关系，直到后来，丹麦的奥斯特发现电流磁效应，英国的法拉第发现电磁感应，英国的麦克斯韦初步提出了完整的电磁学理论，这才实现了电与磁的统一。那么，电是如何转化为磁的？电动机的工作原理又是什么呢？我们可以利用电动机原理制作什么样工艺品？

图3.8-4　电动机

图3.8-5　电动机组装图

2.学习支持

活动一：认识磁铁

在 2300 多年前，我国就已经用天然磁铁制作出了世界最早的指南针——司南。司南是中国古代辨别方向的仪器，是我国古代人民在长期实践中对物体磁性认识后的发明。东汉王充的《论衡》中说："司南之杓，投之于地，其柢指南。"这是早期对司南比较清楚的描述。

图3.8-6　司南

磁铁有吸引铁、镍、钴等物质的属性。磁铁分为南、北两极，通常用 S 极和 N 极表示。磁铁具有同名磁极相互排斥，异名磁极相互吸引的特性，能够产生磁场。

实验：磁铁的两极的磁性强还是中间的磁性强？

图3.8-7　磁铁的磁极

思考：为什么指南针能指示南北呢？

活动二：电流的磁效应

丹麦科学家奥斯特一直认为电磁转化是有可能的。1820 年的一天，奥斯特在一次演讲快结束的时候，用试试看的态度做了一次实验。在接通电源的瞬间，奥斯特发现磁针跳动了一下，这让他喜出望外。在以后的两个月里，奥斯特分别做了不同的实验，都证实了通电导线周围存在磁场。随后，奥斯特发表了 4 页《关于磁体周围电冲突的实验》的论文，向世界宣布了电流的磁效应。

实验 1：电流的磁效应

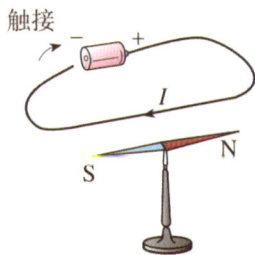

图1

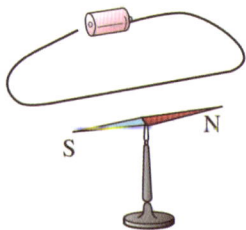

图2

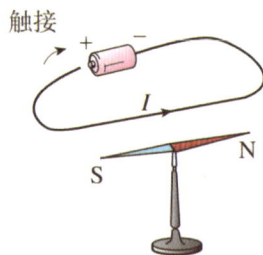

图3

图3.8-8　电流的磁效应实验图

（1）如图 1，通电后，观察导线旁指针转动情况？

现象：＿＿＿＿＿＿＿＿＿＿＿＿＿＿＿＿＿＿＿＿＿＿＿＿＿＿＿＿＿＿

（2）如图 2，断电后，观察导线旁指针转动情况？

现象：＿＿＿＿＿＿＿＿＿＿＿＿＿＿＿＿＿＿＿＿＿＿＿＿＿＿＿＿＿＿

（3）如图 3，将电源的两极翻转，观察指针转动的方向？

现象：＿＿＿＿＿＿＿＿＿＿＿＿＿＿＿＿＿＿＿＿＿＿＿＿＿＿＿＿＿＿

结论：＿＿＿＿＿＿＿＿＿＿＿＿＿＿＿＿＿＿＿＿＿＿＿＿＿＿＿＿＿＿

实验 2：磁场对通电导线的作用

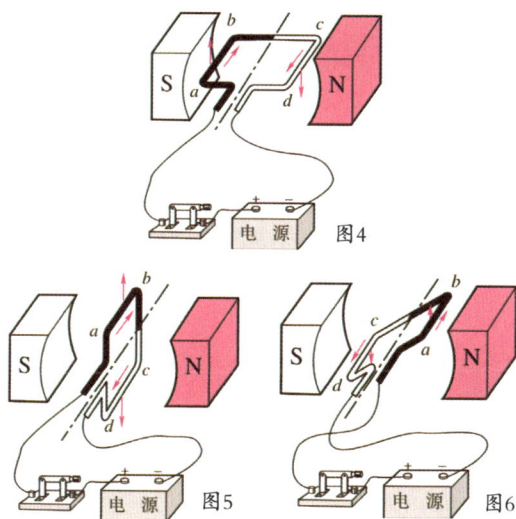

图3.8-9　电生磁实验图

（1）如图 4，通电后，观察导线圈的转动情况。

现象：＿＿＿＿＿＿＿＿＿＿＿＿＿＿＿＿＿＿＿＿＿＿＿＿＿＿＿＿＿＿

（2）如图 5，观察并写出线圈是否能越过竖直的位置。

现象：＿＿＿＿＿＿＿＿＿＿＿＿＿＿＿＿＿＿＿＿＿＿＿＿＿＿＿＿＿＿

（3）如图 6，观察并写出导线圈的转动情况。

现象：＿＿＿＿＿＿＿＿＿＿＿＿＿＿＿＿＿＿＿＿＿＿＿＿＿＿＿＿＿＿

思考：通电后的线圈能否一直转下去？

活动三：探究转速与线圈匝数、电流的关系

为探究电动机转速与线圈匝数、电流强度的关系，请对活动二中的实验 2 的实验要素进行测试，填写下表。

测试情况	线圈匝数	转速
电压相同时	5	快 □　慢 □
	15	快 □　慢 □
	20	快 □　慢 □
测试情况	电压（V）	线圈匝数
线圈匝数相同时	1.5	快 □　慢 □
	3	快 □　慢 □
	4.5	快 □　慢 □

通过上面实验结果，你得到的结论是：

_____

活动四：理解电动机的工作原理

（1）通过对磁铁进行实验，我们知道磁铁具有异名磁极相互吸引，同名磁极相互排斥的特点。

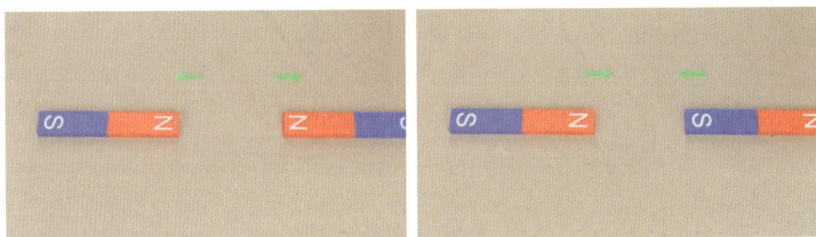

图3.8-10　不同磁极的作用力

（2）我们将左侧磁铁进行改造，当右侧磁铁不断靠近左侧且不断变换极性时，左侧磁铁就会随中心转轴旋转。

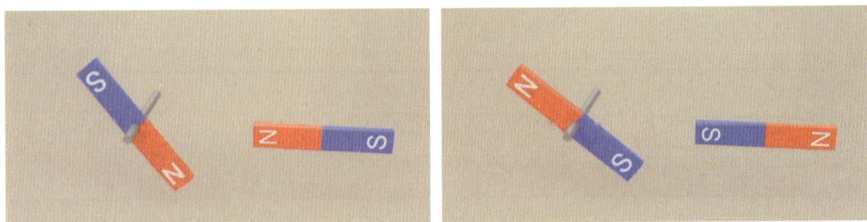

图3.8-11　改造一侧磁铁后的作用力

（3）根据电流的磁效应，我们可以将左侧的转轴磁铁用电磁铁来替换。同时，将

右侧磁铁变换为两个半圆形磁铁放置在两侧。

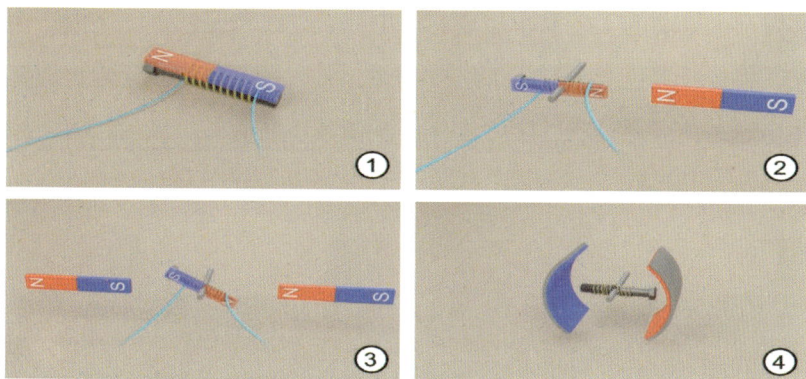

图3.8-12　改造两块磁铁后的装置

（4）为了使中间电磁场两极不断变换，将中间电磁铁变换成线圈并加入换向器和电刷。当电流通过时产生的电磁场极向不断变换，在外围磁铁的作用下将会不断旋转。

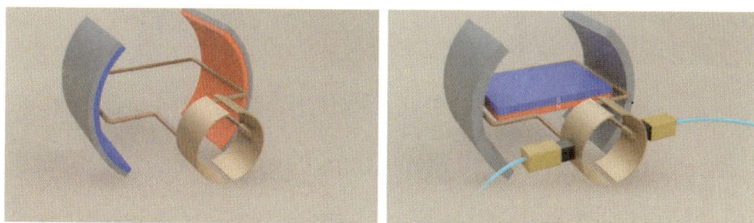

图3.8-13　加入换向器和电刷后的装置

（5）为了提高转速，我们可以通过不断增加线圈和增大电流的方法来提高电机的旋转速度。这就是电动机的原理。

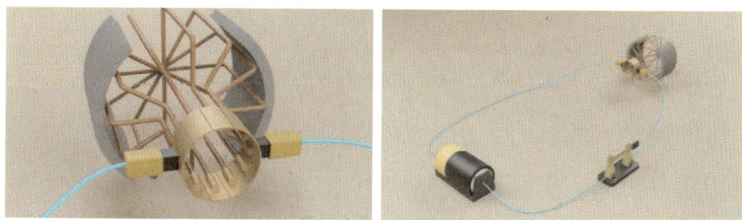

图3.8-14　不断升级后的电动机

思考：电刷的主要作用是什么？

---

3. 建立模型

通过上面的学习，我们知道了电动机的工作原理。下面让我们利用这个原理制作一个精美的"旋转乾坤"的工艺品吧！

活动五：制作电动机工艺品

我们要做一个电动的工艺品，需要利用电池、导线和磁铁等组装成一个可转动的系统。首先，将一段漆包线（导线）进行缠绕。之后用电池为其通电，通电后的漆包线圈会产生电磁力，同时，在外磁力的作用下使其不断旋转。最后，再对漆包线圈进行装饰而做成一个工艺品。

参考实例：

步骤一：所需要材料：干电池（1节）、回形针（2个）、橡皮筋（2条）、磁铁（2块）、直径 1mm 的漆包线（1m）。

图3.8-15 所需材料

步骤二：把一段粗漆包线绕成约 3cm×2cm 的椭圆形线圈，漆包线在线圈的两端各伸出约 3cm。用小刀刮两端引线的漆皮，左端全部刮掉，右端只刮上半周或下半周。

图3.8-16 打成圈后的线圈

步骤三：将回形针一端伸直，用尖嘴钳弯出一个小圈（大于漆包线直径，放得下漆包线），然后不断折圈，折到合适的高度。这个高度要放得下漆包线圈。另一个回形针也按相同要求做好。

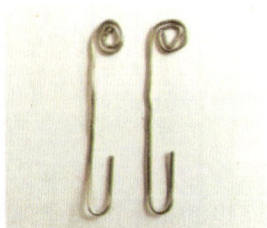

图3.8-17 改造回形针

步骤四：将两个改造后的回形针分别放置在干电池的两极上，注意要紧密接触。然后用胶圈或胶带把两个回形针固定在电池上，做成支架。

图3.8-18　电池上固定回形针

步骤五：根据支架宽度选择合适的半径，在纸上用圆规画出旋转图案的圆形。根据自己的创意，在圆里设计自己喜欢的图案，并将其用剪刀剪下，同时剪两个等大的图案（此处为太极图案，仅供参考）。

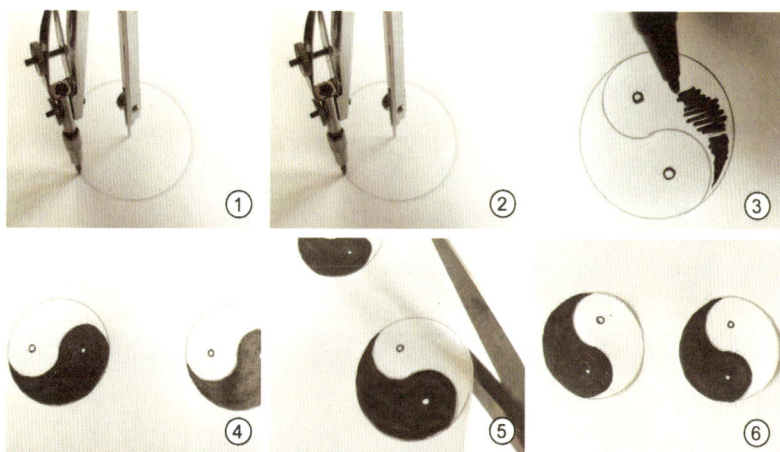

图3.8-19　绘制圆形纸片

步骤六：用双面胶将剪下的圆形图案粘贴在漆包线圈上，把漆包线圈放在支架上。注意两头要放直，漆包线圈两端要与回形针支架紧密接触。

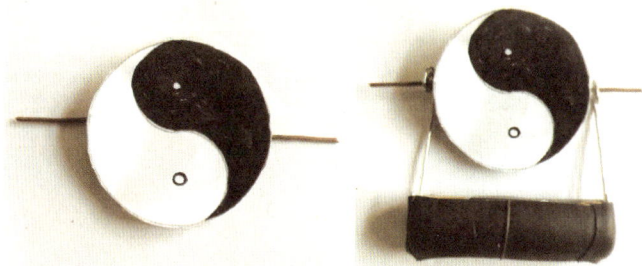

图3.8-20　装饰线圈

步骤七：在整个装置下放一块强磁铁。通电后，用手拨动太极图，使之做成转动的电动机工艺品。

图3.8-21 通电后旋转的线圈

思考：为什么线圈右端只刮上半周或下半周？

4.测试优化

活动六：工艺品测试与优化

简易电动机工艺品的测试报告

第 _____ 小组

测试次数	线圈粗细	磁铁块数	电源节数	实验效果	改进方法
第一次					
第二次					
第三次					

5.拓展探究

活动七：制作旋转的芭蕾舞者

芭蕾舞者能够旋转是因为电源通电对线圈产生电磁力，电磁力与下面的强磁铁之间产生作用力而转动。

参考实例：

步骤一：准备所需要的材料：5号电池（1节）、带孔强磁铁（1块）、螺丝母（1个）、铜线（1m）、彩色硬卡纸（1张）。

图3.8-22 旋转的芭蕾舞者

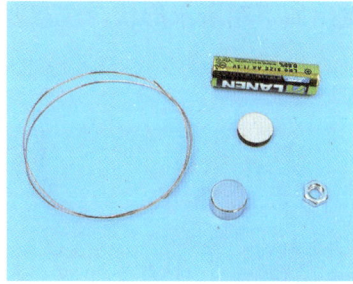

图3.8-23　所需材料

步骤二：将铜线围绕定型圈缠绕几圈，没有定型圈围绕强磁铁也可以，但不要围得太紧，留大约 3mm 缝隙。

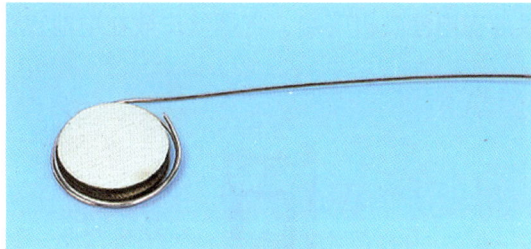

图3.8-24　缠绕线圈

步骤三：两端合拢，端口用铜丝绕紧。注意不要绕变形。

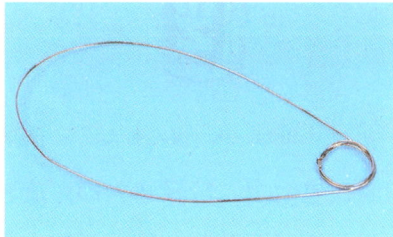

图3.8-25　构造线圈

步骤四：两端折起，处于同一平面。

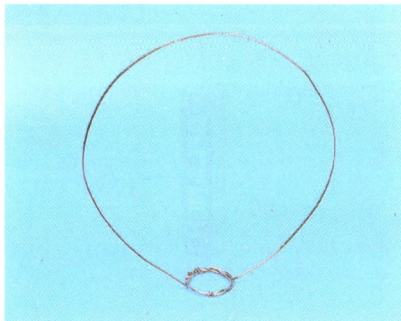

图3.8-26　构造线圈

步骤五：在中心位置，做出如下图所示形状。注意要在中间位置，凹进去的部分要细一些。

图3.8-27　定型线圈

步骤六：将强磁铁放在电池负极下端，将螺丝母放在电池正极。

图3.8-28　固定电池

步骤七：将漆包线造型放在电池上，轻轻送力即可旋转。注意：底部漆包线圆圈部分不能太大或太小，要和强磁铁若即若离。圆圈不宜太小，以免卡住磁铁；也不宜太大太松，以免无法与磁铁产生作用力。

图3.8-29　组装线圈

步骤八：在卡纸上用彩色铅笔画出如左下图造型，并用剪刀将其剪下，粘在心形线圈上。

图3.8-30　完成后的芭蕾舞者

活动八：智能风扇设计与制作

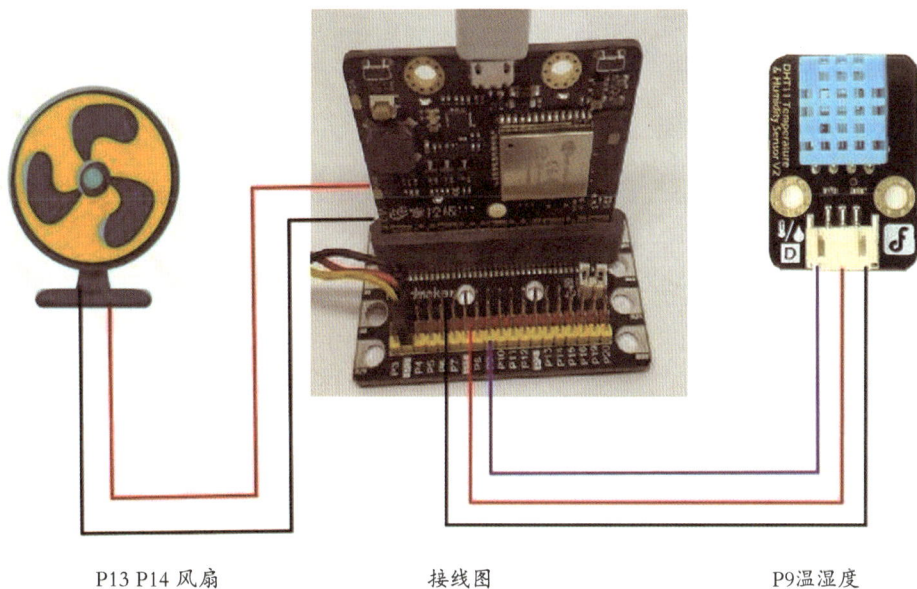

P13 P14 风扇　　　　　　　接线图　　　　　　　P9温湿度

图3.8-31　智能风扇接线图

参考实例：

（1）准备材料：掌控板、掌控板扩展板、小电机、风扇叶、温湿传感器、Mind+软件。

（2）硬件相连：将小电机的两极分别与P13、P14接口相连，温湿度传感器黑线接 GND、红线接 VCC、蓝线接 V9 接口。

（3）编程控制：掌控板接入计算机，利用 Mind+ 软件进行编程。实现功能当检测到温度大于27℃时，风扇自动运行，小于27℃时关闭（也可以使用人体红外传感器，风扇当人体靠近时打开、远离时关闭）。

教·学·反·思

本案例以人民教育出版社九年级物理"电与磁"为基础，仍然坚持由易到难、由简单到复杂的循序渐进的编排原则，整合 STEAM 教育理念，通过项目式学习开展活动的实施，也符合新课程标准中"通过项目式学习，开展制作小型电动机活动，让学生体会科学家所取得的成就及其对社会发展的贡献"这一要求。

本案例从创设情境引入问题开始，通过4个活动，让学生感到从最初的磁现象到理解电动机的工作原理顺理成章，对于不同层次的学生起到不同的作用。

本学期利用课后服务或节假日的时间开展活动，进一步对案例进行分析和总结、修改和完善，达到能在本地区适用和推广的目的。

1. 活动的作用得到体现

（1）提升学生的民族自豪感。对于磁现象的认识和应用，以及磁偏角的发现，我国比西方国家早几百年，读到这些内容时，学生的脸上有不易察觉的喜悦感，这正是我们设计这一活动的初衷。

（2）物理教学中，"电动机为什么转动，为什么会持续转动"是教学中的难点。教师一般通过视频或挂图进行讲解，或者对照教材和学生共同学习，因直观性不强达不到应有的效果。而在活动二到活动四的环节，通过学生亲手制作、亲自体验和小组讨论，真正理解了电动机转动的原理和电刷的作用。

（3）通过电动机的制作，学生有很大的收获。制作中既掌握了动手技巧，也提高了解决问题的能力。这些都是平时在课堂学习中无法学到的。

（4）还有令我们意想不到的收获。某个学生写道："这种简易电动机，由于电流较大，所以电池发热很明显，长时间工作会给电池造成伤害，浪费电池。"大家看，我们的学生是不是有环保意识了，为激发学生的求知欲，我们可以给这样的学生提出一串问题，引导其思考和探究。

2. 课程实施过程中，我们感觉仍有不足和需要改进的地方。

（1）让学生明白预习的重要性。在实验之前，我们要做好预习，通过阅读案例，知道本次实验的目的、原理、所需仪器、实验步骤、实验中的要求及注意事项等问题。只有在实验前认真做好预习，才能在做实验时有目的地去操作，而不是手足无措。有部分学生兴趣非常浓，但将线圈放到回形针上，线圈并不转动，究其原因是没有将漆包线按要求刮去。这是不应出现的失误，值得我们总结。

（2）要让学生学会举一反三。在活动七环节中，案例给出心形线圈和将跳芭蕾舞者固定在线圈上。学生只会依葫芦画瓢，不会进行创新，我们应通过头脑风暴，让学生的思维发散，设计出更好的作品。

（3）因对某些软件和程序不会应用，以及物品的缺乏，学生对于活动八不知所措。如果其他学科进行这方面的教学或者学生对自学编程感兴趣，那么物品的缺乏就不是问题，活动八就会给学生带来更大的乐趣。

学·习·收·获

　　所有发明创造都是在实践中得到检验的。没有足够的动手能力，就谈不到在未来的科研尤其是实验研究中能有所成就

——高唐县时风中学学生　秦浩天

　　在今后的学习和工作中，要注意相关的细节，有些细节会决定成败。

——高唐县时风中学学生　张睿杰

专·家·点·评

　　《旋转乾坤》是一节集生活问题探索、科学原理特性应用、工程设计发明、动手实践制作、技术设计美化、艺术拓展延伸于一体的STEAM跨学科融合案例。

　　本案例从生活中发现问题，引发学生基于生活问题的思考与研究，借助物理原理和工程手段，完成了对电磁场知识的研究，从而形成对知识的探索和生活做思考，在设计过程中充分借助了艺术手段，与美术学科也进行了一定的融合，使物理、工程、技术、数字、美术等学科知识完美融合在一起，形成对生活问题的现实性实践探索。

　　案例设计过程提供了详细的材料清单和学习流程。探究过程通过问题引领，

给学生提供了丰富的学习支架和辅助资源，让学生在问题思考中进行学习。活动过程设计了实验研究，通过实验探索发现科学中的规律和特性，从而形成自然的认知。在对比实验中，让学生自己总结实验规律，形成对问题的高级认知。这些都是对物理学知识的学习与探索。

在模型建立环节，引导学生制作电动机工艺品，培养了学生的工程设计思维，利用工程化手段，引导学生进行创意设计、材料遴选、图纸设计、发明制作等，进而形成对问题的创意性解决方案。

本案例以物理学科为基本学科，把科学、工程、美术、技术、数学等学科整合在一起，形成对知识的跨学科融合设计，以问题为引领，培养了学生的问题解决能力、生活探索能力、创新设计能力、高级思维能力和动手设计制作能力，提升了学生对真实生活的理解力与发展力。

——全国模范教师、齐鲁名师、山东省特级教师、山东省中
小学教师信息技术应用能力提升工程2.0专家组组长

美工刀和热熔枪的使用

美工刀

1. 正确握法

（1）裁切物体时像握铅笔那样，用拇指、食指和中指轻松握住握柄。

（2）切割硬质物体时，食指放在刀背上，手掌抵住握柄。

2. 注意事项

（1）使用时不伤害到自己、他人和物体本身。

附1　美工刀

（2）操作时，刀片运行轨迹绝对不能指向人体。

（3）操作时，依据实际情况，正确调整刀片伸出长度，不使用时收回刀架内。

（4）操作时，无论用不用直尺，手指都不能放在刀片前进方向的轨迹上。

（5）刀尖磨损后，切割就变得困难，切割线也不平整，此时应及时掰去磨损的部分。

（6）当刀架损坏时，应禁止使用。严禁直接手持刀片进行操作。

（7）不适宜美工刀切割的物体，不要勉强使用，避免刀片崩裂造成伤害。

3. 使用小窍门

（1）带有小缝的刀柄塑料塞，用它掰断钝化刀片时可以防止造成伤害。

（2）刀柄末端的塑料塞，将它从后端取下来可以取出旧刀片，换上新刀片。

热熔枪

1. 使用方法

（1）使用热熔枪，首先将胶棒插到热熔枪的插口中，接通电源指示灯亮起，表明它在加热过程中。

（2）几分钟后扣动扳扣，能够挤出热熔胶。沿着需要固定的方向，一边挤压，一边涂抹，最后等待热熔胶冷却 1~2 天时间，就能够完全凝固，达到粘合

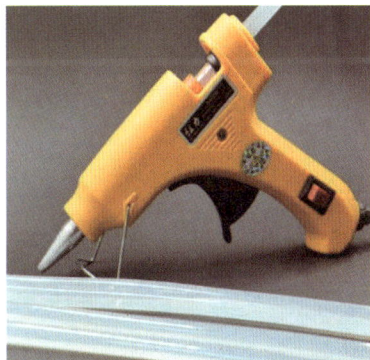

附2　热熔枪

的最佳效果。

（3）使用完之后断开电源，将胶棒拆卸下来保管好，同时要将热熔枪擦拭干净，以备继续使用。

2. 注意事项

（1）热熔枪插上电源前，请先检查电源线是否完好无损、支架是否具备；已使用过的胶枪是否有倒胶等现象。

（2）热熔枪电源要插好。胶枪在使用前请先预热 3~5 分钟，胶枪在不用时请直立于桌面。

（3）避免在潮湿环境下使用热熔枪，湿度会影响绝缘性能，可能会导致触电。

（4）喷嘴及熔胶温度很高，除手柄外，不可接触其他部分。

（5）不可随意拆卸及安装其电热部分零件，否则会导致失灵。

（6）热熔枪连续加热超过 15 分钟，请切断电源。

（7）热熔枪中的胶条若发生倒流现象，请立即停止使用，待专业人员将倒流的热熔胶清理后方可使用。